Walter Röchling
Grundlagen und Schwerpunkte des Kinder- und Jugendhilferechts (SGB VIII) für die Soziale Arbeit

Walter Röchling

Grundlagen und Schwerpunkte des Kinder- und Jugendhilferechts (SGB VIII) für die Soziale Arbeit

Aufgaben, Intervention und Mitwirkung unter dem Aspekt von Kindeswohl und Kindeswohlgefährdung

Der Autor

Walter Röchling, Jg. 1948, Dr. jur., Familienrichter und Betreuungsrichter a.D., Honorarprofessor an der Hochschule Niederrhein/Fachbereich Sozialwesen. Fachgebiet: Institutionalisierte Soziale Arbeit in Familien- und Jugendhilfesachen einschließlich Verfahrensrecht. Lehrbeauftragter für Familienrecht, Kinder- und Jugendhilferecht sowie Familienverfahrensrecht. Dozent in der beruflichen Fortbildung. Veröffentlichungen: www.dr-walter-roechling.de

Dieses Buch ist erhältlich als:
ISBN 978-3-7799-8503-7 Print
ISBN 978-3-7799-8505-1 E-Book (PDF)
ISBN 978-3-7799-8504-4 E-Book (ePub)

1. Auflage 2024

Herstellung: Ulrike Poppel
Satz: Helmut Rohde, Euskirchen
Druck und Bindung: Beltz Grafische Betriebe, Bad Langensalza
Beltz Grafische Betriebe ist ein Unternehmen mit finanziellem Klimabeitrag
(ID 15985-2104-100)
Printed in Germany

Weitere Informationen zu unseren Autor:innen und Titeln finden Sie unter: www.beltz.de

Inhalt

Vorwort

Die *rechtliche* Einordnung von Kindeswohl und Kindeswohlgefährdung und die damit einhergehende Umsetzung in der beruflichen Praxis gehören zu den Schwerpunkten der Sozialen Arbeit im Kontext kinder- und jugendhilferechtlicher Tätigkeit.

Entsprechende fachliche Kenntnisse im Kinder- und Jugendhilferecht sind deshalb zwingend geboten: Sie werden zwar regelmäßig in der Ausbildung erworben, bedürfen jedoch im Berufsleben ständiger Erneuerung bzw. Aktualisierung und Erweiterung.

Durch die vorgenommenen (teils umfassenden) Reformen in der Kinder- und Jugendhilfe – erwähnt sei hier insbesondere das Gesetz zur Stärkung von Kindern und Jugendlichen v. 03.06.2021 (KJSG) – erfolgten nicht nur grundlegende Überarbeitungen dieses Rechtsgebietes, sondern darüber hinaus auch Aktualisierungen mit teils völlig neuen inhaltlichen gesetzgeberischen Akzenten.

Neben den genannten reformbedingten Veränderungen sind ferner die richtungsweisenden Entscheidungen der Obergerichte (EGMR, BVerfG, BGH und OLGe) im Blick zu halten, die teils konkrete Handlungsvorgaben bedeuten, teils letztlich aber auch für die Soziale Arbeit Orientierung und Maßstab sind.

Das Buch gibt einen fundierten Überblick über die rechtlichen Themenbereiche Schutzauftrag bei Kindeswohlgefährdung, Inobhutnahme von Kindern und Jugendlichen, die Mitwirkung in Verfahren vor den Familiengerichten sowie die Stärkung des Kinderschutzes durch das Gesetz zur Kooperation und Information im Kinderschutz – Themenbereiche, in denen das Wohl des Kindes und die Gefährdung des Kindeswohls als maßgebliche Aspekte im Mittelpunkt der gesetzlichen Regelungen stehen. In einem weiteren Kapitel wird die rechtliche Stellung des Kindes in den entsprechenden Gesetzesmaterien skizziert.

Gesetzes- und Rechtsprechungsstand: 30.11.2023.

Soweit (einzelne) Kapitel dieses Buches auf vom Autor konzipierte Kapitel des im Verlag W. Kohlhammer (Reihe: Grundwissen Soziale Arbeit) nicht mehr verlegten Buches „Jugend-, Familien- und Betreuungsrecht für die Soziale Arbeit“ zurückgehen, wurden diese Ausführungen inhaltlich völlig überarbeitet, grundlegend aktualisiert und, soweit erforderlich, insgesamt neu strukturiert.

Viersen, im Dezember 2023
Walter Röchling

I. Schutzauftrag bei Kindeswohlgefährdung, § 8a SGB VIII

1. Einleitung und Überblick

§ 8a SGB VIII wurde im Jahre 2005 durch das Kinder- und Jugendhilfeweiterentwicklungsgesetz (KICK) zur Verbesserung des Schutzes von Kindern und Jugendlichen bei Gefahren für ihr Wohl in das SGB VIII eingefügt. Mit der Neuregelung erfolgte erstmals eine gesetzliche Konkretisierung des staatlichen Schutzauftrages bei Kindeswohlgefährdung. Durch die Bestimmung wurden Verfahrensstandarts bei den Jugendämtern über gebotene Maßnahmen bei der Gefahrenabwehr geschaffen, (auch) um den Fachkräften in der Kinder- und Jugendhilfe mehr Handlungssicherheit zu geben (Kößler in: Schlegel/Voelzke, jurisPK-SGB VIII, § 8a RN 12).

Zu Beginn des Jahres 2012 trat das Bundeskinderschutzgesetz in Kraft, das zu einer Reform des § 8a SGB VIII führte und insbesondere durch die Hausbesuchsregelung und die gegenseitige Informationspflicht der Jugendämter über Kindeswohlgefährdungen eine weitere Qualifizierung des staatlichen Schutzauftrages mit sich brachte.

Mit dem Gesetz zur Stärkung von Kindern und Jugendlichen (2021) erfolgte eine weitere Aktualisierung: U. a. wurde z. B. ausdrücklich klargestellt, dass der Schutzauftrag bei Kindeswohlgefährdung unmittelbar auch in der Kindertagespflege gilt, sodass Kindertagespflegepersonen ebenso bei Anzeichen von Kindeswohlgefährdung eine Abschätzung des Gefährdungsrisikos nach § 8a SGB VIII (unter Hinzuziehung einer Fachkraft) vorzunehmen haben; ferner wurde die gesetzliche Grundlage geschaffen, Berufsgeheimnisträger[1], die das Jugendamt wegen Verdachts der Kindeswohlgefährdung gem. § 4 KKG informiert haben, an der Gefährdungseinschätzung in geeigneter Weise zu beteiligen. Schließlich wurde der UN-Behindertenrechtskonvention (Art. 16) dadurch Rechnung getragen, dass bei der Gefährdungseinschätzung im Bereich der freien Träger durch Vereinbarungen sicherzustellen ist, dass die bei der Gefährdungseinschätzung beratend hinzuzuziehenden Fachkräfte (auch) über die Qualifikation bzgl. der spezifischen Schutzbedürfnisse von Kindern und Jugendlichen mit Behinderungen verfügen.

---

1 In der gesamten juristischen Literatur und vor allem in den Gesetzestexten ist Gendern bisher nicht üblich, weshalb im Kontext dieses Buches, das sich hauptsächlich mit juristischen Inhalten befasst, ebenfalls nicht gegendert, sondern die männliche Schreibweise umgesetzt wird.

2. Zum Verständnis der Regelung

Vor dem Hintergrund spektakulärer Fälle von Kindeswohlgefährdung (Vernachlässigung, sexueller Missbrauch) hielt es der Gesetzgeber für geboten, den aus dem staatlichen Wächteramt (Artikel 6 Abs. 2 Satz 2 GG) abgeleiteten Schutzauftrag des Jugendamts gesetzlich eindeutig zu formulieren (BT-Drucks. 15/3676 S. 30). Hierzu wurde klargestellt, dass dem „Dienstleistungsverständnis des SGB VIII" mit seinem Angebotscharakter und Freiwilligkeitsprinzip durch den Schutzauftrag der Kinder- und Jugendhilfe strukturelle Grenzen gesetzt seien: Bei Anhaltspunkten für eine Gefährdung des Kindeswohls könne sich die Jugendhilfe nicht darauf beschränken, Leistungen nur „auf Antrag bzw. auf Nachfrage" zu gewähren (ebd. S. 25/26).

2.1

Zur Wahrnehmung des verfassungsrechtlich verankerten Schutzauftrages erachtete der Gesetzgeber es daher auch für notwendig, dem Jugendamt ein – bis zu diesem Zeitpunkt nicht ausdrücklich gesetzlich geregeltes – Informationsrecht zu verschaffen, wobei den Eltern aufgrund ihrer elterlichen Erziehungsverantwortung eine Pflicht zur Mitwirkung bei der Klärung der Risikosituation für das Kind oder den Jugendlichen obliege.

Hierzu führt die Gesetzesbegründung aus: „Mit der Einordnung des Kinder- und Jugendhilferechts in das Sozialgesetzbuch und vor dem Hintergrund der Dienstleistungsdebatte in der sozialen Arbeit ist in der Fachpraxis der Jugendämter sowie der leistungserbringenden Einrichtungen und Dienste Unsicherheit darüber entstanden, ob und wie mit Informationen Dritter über (drohende) Kindeswohlgefährdung bzw. mit eigenen Wahrnehmungen einschlägiger Symptome umzugehen ist. Jugendämtern wird in der Öffentlichkeit vorgeworfen, trotz Kenntnis untätig geblieben zu sein oder eine rechtzeitige und notwendige Risikoabschätzung versäumt zu haben. Im Rahmen dieser Diskussion hat die Fachpraxis in den letzten Jahren Empfehlungen über den Umgang der Fachkräfte bei ‚Verdacht' auf Kindeswohlgefährdung entwickelt (...). Dabei hat sich gezeigt, dass wesentliche Aspekte, wie z. B. das Recht des Jugendamts auf Informationsbeschaffung, die Pflicht der Mitwirkung der Eltern und die Beteiligung dritter Institutionen wegen ihrer Grundrechtsrelevanz einer ausdrücklichen gesetzlichen Regelung bedürfen. (...) Deshalb soll klargestellt werden, dass das Jugendamt Hinweisen über eine drohende Kindeswohlgefährdung nachgehen, sich weitere Informationen zur Klärung verschaffen und sodann eine Risikoabwägung dahin gehend vornehmen muss, ob das Kind besser durch Hilfe für die Familie (z. B. das Angebot von Hilfe zur Erziehung nach den §§ 27 ff. SGB VIII) oder die Einschaltung des Familiengerichts im Hinblick auf Maßnahmen nach den §§ 1666,

1666a BGB geschützt werden kann oder ob schließlich andere Institutionen wie Polizei oder Psychiatrie informiert werden müssen, weil sie im Hinblick auf die Kindeswohlgefährdung die geeigneten Institutionen zur Abwehr einer Gefährdung sind. Die Risikoeinschätzung ist – entsprechend den Empfehlungen des Deutschen Städtetages – im Zusammenwirken mehrerer Fachkräfte zu treffen. Die Vorschrift verpflichtet auch die Eltern zur Mitwirkung an der Klärung der Risikoabwägung, eine Obliegenheit, die sich bereits aus dem Pflichtcharakter des Elternrechts nach Artikel 6 Abs. 2 Satz 1 GG ergibt" (ebd. S. 30).

2.2

Durch die verschiedentlichen Aufgabenstellungen und Handlungsanweisungen – auch wenn sie sämtlich dem Schutzauftrag dienen bzw. verpflichtet sind – wirkt die Bestimmung insgesamt unübersichtlich, was Verständnis und Anwendung erschwert.

§ 8a SGB VIII
Schutzauftrag bei Kindeswohlgefährdung

(1) Werden dem Jugendamt gewichtige Anhaltspunkte für die Gefährdung des Wohls eines Kindes oder Jugendlichen bekannt, so hat es das Gefährdungsrisiko im Zusammenwirken mehrerer Fachkräfte einzuschätzen. Soweit der wirksame Schutz dieses Kindes oder dieses Jugendlichen nicht in Frage gestellt wird, hat das Jugendamt die Erziehungsberechtigten sowie das Kind oder den Jugendlichen in die Gefährdungseinschätzung einzubeziehen und, sofern dies nach fachlicher Einschätzung erforderlich ist,

1. sich dabei einen unmittelbaren Eindruck von dem Kind und von seiner persönlichen Umgebung zu verschaffen sowie
2. Personen, die gemäß § 4 Absatz 3 des Gesetzes zur Kooperation und Information im Kinderschutz dem Jugendamt Daten übermittelt haben, in geeigneter Weise an der Gefährdungseinschätzung zu beteiligen. Hält das Jugendamt zur Abwendung der Gefährdung die Gewährung von Hilfen für geeignet und notwendig, so hat es diese den Erziehungsberechtigten anzubieten.

(2) Hält das Jugendamt das Tätigwerden des Familiengerichts für erforderlich, so hat es das Gericht anzurufen; dies gilt auch, wenn die Erziehungsberechtigten nicht bereit oder in der Lage sind, bei der Abschätzung des Gefährdungsrisikos mitzuwirken. Besteht eine dringende Gefahr und kann die Entscheidung des Gerichts nicht abgewartet werden, so ist das Jugendamt verpflichtet, das Kind oder den Jugendlichen in Obhut zu nehmen.

(3) Soweit zur Abwendung der Gefährdung das Tätigwerden anderer Leistungsträger, der Einrichtung der Gesundheitshilfe oder der Polizei notwendig ist, hat das Jugendamt auf die Inanspruchnahme durch die Erziehungsberechtigten hinzuwirken. Ist ein sofortiges Tätigwerden erforderlich und wirken die Personensorgeberechtigten oder die Erziehungsberechtigten nicht mit, so schaltet das Jugendamt die anderen zur Abwendung der Gefährdung zuständigen Stellen selbst ein.

(4) In Vereinbarungen mit den Trägern von Einrichtungen und Diensten, die Leistungen nach diesem Buch erbringen, ist sicherzustellen, dass

1. deren Fachkräfte bei Bekanntwerden gewichtiger Anhaltspunkte für die Gefährdung eines von ihnen betreuten Kindes oder Jugendlichen eine Gefährdungseinschätzung vornehmen,
2. bei der Gefährdungseinschätzung eine insoweit erfahrene Fachkraft beratend hinzugezogen wird, sowie
3. die Erziehungsberechtigten sowie das Kind oder der Jugendliche in die Gefährdungseinschätzung einbezogen werden, soweit hierdurch der wirksame Schutz des Kindes oder des Jugendlichen nicht in Frage gestellt wird.

In den Vereinbarungen sind die Kriterien für die Qualifikation der beratend hinzuziehenden insoweit erfahrenen Fachkraft zu regeln, die insbesondere auch den spezifischen Schutzbedürfnissen von Kindern und Jugendlichen mit Behinderungen Rechnung tragen. Daneben ist in die Vereinbarungen insbesondere die Verpflichtung aufzunehmen, dass die Fachkräfte der Träger bei den Erziehungsberechtigten auf die Inanspruchnahme von Hilfen hinwirken, wenn sie diese für erforderlich halten, und das Jugendamt informieren, falls die Gefährdung nicht anders abgewendet werden kann.

(5) In Vereinbarungen mit Kindertagespflegepersonen, die Leistungen nach diesem Buch erbringen, ist sicherzustellen, dass diese bei Bekanntwerden gewichtiger Anhaltspunkte für die Gefährdung eines von ihnen betreuten Kindes eine Gefährdungseinschätzung vornehmen und dabei eine insoweit erfahrene Fachkraft beratend hinzuziehen. Die Erziehungsberechtigten sowie das Kind sind in die Gefährdungseinschätzung einzubeziehen, soweit hierdurch der wirksame Schutz nicht in Frage gestellt wird. Absatz 4 Satz 2 und 3 gilt entsprechend.

(6) Werden einem örtlichen Träger gewichtige Anhaltspunkte für die Gefährdung des Wohls eines Kindes oder eines Jugendlichen bekannt, so sind dem für die Gewährung von Leistungen zuständigen örtlichen Träger die Daten mitzuteilen, deren Kenntnis zur Wahrnehmung des Schutzauftrags bei Kindeswohlgefährdung nach § 8a erforderlich ist. Die Mitteilung soll im Rahmen eines Gespräches zwischen den Fachkräften der beiden örtlichen Träger erfolgen, an dem die Personensorgeberechtigten sowie das Kind oder der Jugendliche beteiligt werden sollen, soweit hierdurch der wirksame Schutz des Kindes oder des Jugendlichen nicht in Frage gestellt wird.

2.2.1

Überschlägig betrachtet werden durch die Bestimmung geregelt

- die Pflicht des Jugendamts zur Gefährdungseinschätzung (mit mehreren Fachkräften unter Mitwirkung der Eltern und unter Einbeziehung des Kindes oder des Jugendlichen)
- das Recht des Jugendamts auf Informationsbeschaffung

- die Handlungsoptionen des Jugendamts zur Abwendung einer Gefährdung des Kindes oder des Jugendlichen
- die Beteiligung dritter Institutionen (soweit die Personensorgeberechtigten/Erziehungsberechtigten nicht mitwirken und sofortiges Tätigwerden erforderlich ist)
- die Einbeziehung der Träger der freien Jugendhilfe (Einrichtungen, Dienste) und Kindertagespflegepersonen in die Wahrnehmung des Schutzauftrages
- die Handlungsvorgaben über die jeweiligen Vorgehensweisen sowie
- die Benachrichtigungspflichten der Jugendämter untereinander über Daten zur Wahrnehmung des Schutzauftrages.

Damit enthält § 8a SGB VIII (insgesamt) Regelungen zur Aufgabenwahrnehmung

- durch das Jugendamt,
- durch Träger der freien Jugendhilfe sowie
- der Träger der öffentlichen Jugendhilfe untereinander.

2.2.2

Im Hinblick auf die Wahrnehmung des Schutzauftrages durch das Jugendamt bedeutet dies konkret, dass das Jugendamt

- gewichtigen Anhaltspunkten über eine drohende Kindeswohlgefährdung nachgehen muss
- sich ggf. weitere Informationen zur Klärung zu verschaffen hat und
- sodann eine Risikoabwägung (im Zusammenwirken mit mehreren Fachkräften) dahingehend vornehmen muss, ob oder inwieweit eine Gefährdung vorliegt und ob das Kind besser durch Hilfen für die Familie (z. B. Angebot von Hilfe zur Erziehung nach §§ 27 SGB VIII ff.) oder durch die Einschaltung des Familiengerichts im Hinblick auf Maßnahmen nach §§ 1666, 1666a BGB geschützt werden kann.

Hierzu hat das Jugendamt

- Erziehungsberechtigte sowie das Kind oder den Jugendlichen in die Gefährdungseinschätzung einzubeziehen – soweit der wirksame Schutz des Kindes/Jugendlichen hierdurch nicht in Frage gestellt wird
- die Erforderlichkeit eines Hausbesuchs fachlich zu prüfen, um sich einen unmittelbaren Eindruck von dem Kind mitsamt seiner unmittelbaren Umgebung zu verschaffen
- Berufsgeheimnisträger an der Gefährdungseinschätzung zu beteiligen, soweit diese dem Jugendamt hierzu Daten übermittelt haben

- das Gericht anzurufen, wenn die Erziehungsberechtigten nicht an der Gefährdungsabschätzung mitwirken bzw. wenn ein Tätigwerden des Familiengerichts zur Abwendung der Gefährdung erforderlich ist (z. B. Sorgerechtsentzug)
- zur Abwendung einer dringenden Gefahr das Kind oder den Jugendlichen in Obhut zu nehmen
- evtl. andere Institutionen wie Polizei oder Einrichtungen der Gesundheitshilfe (z. B. Psychiatrie) einzuschalten bzw. zu informieren, weil sie diese Institutionen zur Abwehr einer Gefährdung für notwendig hält.

Entsprechend dem staatlichen Wächteramt und dem hieraus resultierenden Schutzauftrag bei Kindeswohlgefährdung richten sich die in § 8a Abs. 1 bis 3 SGB VIII genannten Pflichten und Handlungsanweisungen ausschließlich an das Jugendamt.

2.2.3

Die Aufgabe der Jugendhilfe gem. § 1 Abs. 3 Nr. 4 SGB VIII, Kinder und Jugendliche vor Gefahren für ihr Wohl zu schützen, „normiert keine Aufgaben, sondern eine Zielbestimmung" (FK-SGB VIII/Meysen: in § 1 RN 17). Es handelt sich mithin um eine „aufgabenbeschreibende, objektiv-rechtliche Norm", die „keine Grundlage für Eingriffe der Kinder- und Jugendhilfe" darstellt (ebd.). Da das staatliche Wächteramt und der sich hieraus ergebende Schutzauftrag von den Trägern der öffentlichen Jugendhilfe wahrzunehmen ist (s. o.), bedarf es konkreter Vereinbarungen mit den Trägern der freien Jugendhilfe, soweit diese an der Erfüllung „anderer Aufgaben" – hierzu wird auch der Schutzauftrag wegen Kindeswohlgefährdung gem. § 8a SGB VIII gezählt – mitwirken bzw. diese auftragsgemäß wahrnehmen. Deshalb ist es weitere Aufgabe der Träger der öffentlichen Jugendhilfe, die Wahrnehmung des Schutzauftrages mit Trägern der freien Jugendhilfe, also Trägern von Einrichtungen und Diensten und Kindertagespflegepersonen, die Leistungen nach dem SGB VIII erbringen, in entsprechenden Vereinbarungen sicherzustellen.

Zu den Vereinbarungsinhalten gehört wiederum, dass

- die Fachkräfte der Einrichtungen und Dienste und die Kindertagespflegepersonen bei gewichtigen Anhaltspunkten für Kindeswohlgefährdung eines von ihnen betreuten Kindes eine Gefährdungseinschätzung vornehmen
- bei der Gefährdungseinschätzung eine „insoweit erfahrene Fachkraft" hinzugezogen wird

- die fragliche Fachkraft auch insbesondere im Hinblick auf die spezifischen Schutzbedürfnisse von Kindern und Jugendlichen mit Behinderungen qualifiziert ist
- die Erziehungsberechtigten sowie das Kind oder der Jugendliche in die Gefährdungseinschätzung einbezogen werden, soweit hierdurch nicht der wirksame Schutz des Kindes/Jugendlichen in Frage gestellt wird
- die Fachkräfte der Einrichtungen und Dienste und die Kindertagespflegepersonen bei den Erziehungsberechtigten auf die Inanspruchnahme von Hilfen hinwirken, soweit sie diese für erforderlich halten, oder das Jugendamt informieren, wenn die Gefährdung nicht anders abgewendet werden kann.

Damit wenden sich § 8a Abs. 4 und 5 SGB VIII, was den Abschluss der Vereinbarung bzw. deren Sicherstellung betrifft, sowohl an die Träger der öffentlichen Jugendhilfe wie auch an die Träger der freien Jugendhilfe mit ihren Einrichtungen und Diensten und den dort tätigen Fachkräften sowie ferner an die Kindertagespflegepersonen. Über § 8a Abs. 4 und 5 SGB VIII werden mithin entsprechende inhaltliche Maßstäbe für die zu treffenden Vereinbarungen gesetzt, wie der Schutzauftrag bei Kindeswohlgefährdung durch die entsprechenden Fachkräfte wahrzunehmen ist.

2.2.4

Schließlich verpflichtet § 8a Abs. 6 SGB VIII wiederum die unterschiedlichen Träger der öffentlichen Jugendhilfe untereinander zur

- Datenübermittlung zwischen Jugendämtern bei Bekanntwerden gewichtiger Anhaltspunkte bei Gefährdung des Wohls eines Kindes/Jugendlichen zur Wahrnehmung des Schutzauftrags bei Kindeswohlgefährdung (durch das örtlich zuständige Jugendamt) sowie
- zu einer abgesicherten Vorgehensweise bei der Fallübergabe bzw. Datenweitergabe,

wodurch die Wahrnehmung des Schutzauftrages zwischen verschiedenen Trägern der öffentlichen Jugendhilfe näher geregelt und sichergestellt wird.

2.3

Der Schutzauftrag nach § 8a SGB VIII entspricht dem staatlichen Wächteramt des Art. 6 Abs. 2 S. 2 GG, dessen hohe Bedeutung für die Jugendhilfe mit der Wiederholung des genannten Grundgesetzartikels in § 1 Abs. 2 SGB VIII ausdrücklich hervorgehoben worden ist (OVG Münster JAmt 2009, 384). Die Norm hat „eine entscheidungsvorbereitende Funktion“, indem verfahrensrechtliche

Vorfragen einen Klärungsprozess regeln und mithin einen Prozess strukturieren, der inhaltlich durch die fachkundige Interpretation der Anhaltspunkte für eine Kindeswohlgefährdung und eine Prognose über die weitere Entwicklung der Gefährdungsdynamik gefüllt werden muss (Wiesner SGB VIII, § 8a RN 3, 4). Das Gesetz umfasst – im Gegensatz zur vormals geltenden Rechtslage – klare Aussagen zu Aufgaben und Maßnahmen u. a. bei der Informationsgewinnung sowie der Risikoabwägung als Voraussetzung für die notwendigen Handlungsoptionen – also Gewährung von Hilfe zur Erziehung, Inobhutnahme des Kindes/Jugendlichen oder Einschaltung des Familiengerichts.

3. Die Risikoeinschätzung beim Schutzauftrag

3.1

Jedwede Tätigkeit des Jugendamtes gem. § 8a SGB VIII setzt voraus, dass „gewichtige Anhaltspunkte" für eine Kindeswohlgefährdung bestehen und dem Jugendamt bekannt werden. Eine Gefährdung des Kindeswohls (§ 1666 BGB) i. S. d. § 8a SGB VIII ist anzunehmen, wenn bei einem Kind/Jugendlichen ein körperlicher, geistiger oder seelischer Schaden eingetreten ist oder eine gegenwärtige, in einem solchen Maße vorhandene Gefahr besteht, dass sich bei seiner weiteren Entwicklung (ohne Intervention) eine erhebliche Schädigung mit ziemlicher Sicherheit voraussehen lässt (Grüneberg/Götz § 1666 RN 8 m. w. N.). „Gewichtige Anhaltspunkte" sind gegeben, wenn Indizien mit einer gewissen Wahrscheinlichkeit auf eine Kindeswohlgefährdung hindeuten, wenn also Hinweise oder Anzeichen den Verdacht auf eine Gefährdung des Kindes/Jugendlichen nahelegen bzw. als möglich erscheinen lassen. Die Pflicht zur Risikoeinschätzung ist also der (gerichtlichen) Eingriffsschwelle des § 1666 BGB sehr deutlich vorgelagert, ebenso der Einschätzung einer „möglichen" Kindeswohlgefährdung, die das Gericht gem. § 157 FamFG zum Anlass einer Erörterung mit den Beteiligten nehmen soll.

Die kindeswohlgefährdenden Anhaltspunkte müssen dem Jugendamt zur Kenntnis gelangen, wobei die Art und Weise – z. B. durch anonyme Hinweise – unerheblich ist (Tillmanns, MüKo, § 8a SGB VIII RN 3). Ohne (konkrete) Anhaltspunkte ist das JA weder verpflichtet noch berechtigt, ermittelnd tätig zu werden (ebd.); allerdings besteht die Pflicht, in einer ersten Prüfungsphase jede Information daraufhin zu überprüfen, ob sie gewichtige Anhaltspunkte enthält – andernfalls blieben weniger konkrete und aussagekräftige Hinweise von vornherein unberücksichtigt (Wiesner § 8a SGB VIII RN 14c). Deshalb können auch Hinweise genügen, die erst beim Hinzutreten weiterer Umstände zu einer Kindeswohlgefährdung führen könnten (Tillmanns, MüKo, § 8a SGB VII RN 3).

Eine Übersicht über „gewichtige Anhaltspunkte“ enthalten verschiedentliche fachliche Empfehlungen, so z. B. die „Anlage zur Vereinbarung zwischen Jugendamt und Träger zur Sicherstellung des Schutzauftrags nach § 8a SGB VIII“ vom 12.07.2012, Landesjugendamt Bayern (Checkliste), K 3.0 Anhaltspunkte – KWG Erkennen – Landkreis Zwickau https://www.landkreis-zwickau.de/download/jugend_schule/K30.pdf (Checkliste, Abruf: 20.03.2024).

3.2

Zumeist setzt eine fundierte Risikoeinschätzung weitere Informationen zur Gefährdungseinschätzung voraus. Zur Beschaffung solcher Informationen ist das Jugendamt prinzipiell berechtigt und verpflichtet – auch gegen den Willen der Betroffenen. Die Erhebung entsprechender Daten ist datenschutzrechtlich gem. § 62 Abs. 3 Nr. 2d SGB VIII zulässig.

§ 62 SGB VIII

Datenerhebung

(1) Sozialdaten dürfen nur erhoben werden, soweit ihre Kenntnis zur Erfüllung der jeweiligen Aufgabe erforderlich ist.

(2) Sozialdaten sind bei der betroffenen Person zu erheben. Sie ist über die Rechtsgrundlage der Erhebung sowie die Zweckbestimmungen der Verarbeitung aufzuklären, soweit diese nicht offenkundig sind.

(3) Ohne Mitwirkung der betroffenen Person dürfen Sozialdaten nur erhoben werden, wenn

1. eine gesetzliche Bestimmung dies vorschreibt oder erlaubt oder
2. ihre Erhebung bei der betroffenen Person nicht möglich ist oder die jeweilige Aufgabe ihrer Art nach eine Erhebung bei anderen erfordert, die Kenntnis der Daten aber erforderlich ist für
   a) die Feststellung der Voraussetzungen oder für die Erfüllung einer Leistung nach diesem Buch oder
   b) die Feststellung der Voraussetzungen für die Erstattung einer Leistung nach § 50 des Zehnten Buches oder
   c) die Wahrnehmung einer Aufgabe nach den §§ 42 bis 48a und nach § 52 oder
   d) die Erfüllung des Schutzauftrags bei Kindeswohlgefährdung nach § 8a oder die Gefährdungsabwendung nach § 4 des Gesetzes zur Kooperation und Information im Kinderschutz oder
3. die Erhebung bei der betroffenen Person einen unverhältnismäßigen Aufwand erfordern würde und keine Anhaltspunkte dafür bestehen, dass schutzwürdige Interessen der betroffenen Person beeinträchtigt werden oder
4. die Erhebung bei der betroffenen Person den Zugang zur Hilfe ernsthaft gefährden würde.

(4) Ist die betroffene Person nicht zugleich Leistungsberechtigter oder sonst an der Leistung beteiligt, so dürfen die Daten auch beim Leistungsberechtigten oder einer anderen Person, die sonst an der Leistung beteiligt ist, erhoben werden, wenn die Kenntnis der Daten für die Gewährung einer Leistung nach diesem Buch notwendig ist. Satz 1 gilt bei der Erfüllung anderer Aufgaben im Sinne des § 2 Absatz 3 entsprechend.

In einem vom Verwaltungsgericht Münster entschiedenen Fall setzte sich das Gericht mit der Frage der Berechtigung des Jugendamtes zur präventiven Abschätzung des Gefährdungsrisikos auseinander. Dabei ging es um folgenden Sachverhalt: Im Mai 2007 teilte das Sozialamt der Stadt dem Jugendamt (dem Beklagten) mit, dass der verheiratete Kläger – Vater eines (zum Entscheidungszeitpunkt des Gerichts im Jahre 2009) vierjährigen Kindes – mit seiner Familie auf weitere Gewährung von Sozialhilfe verzichtet habe und wies darauf hin, dass nicht bekannt sei, wie der Lebensunterhalt der Familie sichergestellt werde; die Mutter sei gesundheitlich eingeschränkt und der Vater psychisch krank. Das Sozialamt bat darum, den kommunalen Sozialdienst einzuschalten, um eine Gefahr für das Kind auszuschließen.

Daraufhin unternahm das Jugendamt (der Beklagte) zwei unangemeldete Hausbesuche. Bei dem zweiten Besuch erklärte der Kläger gegenüber den Mitarbeitern des Kommunalen Sozialdienstes an der Haustür, seinem Sohn gehe es sehr gut, eine Augenscheinnahme des Kindes schließe er aus. Mit einem dem Kläger beim zweiten Hausbesuch übergebenen Schreiben wies der Beklagte den Kläger und seine Ehefrau auf die Mitteilung des Sozialamts sowie u. a. darauf hin, das Jugendamt müsse Hinweisen nachgehen, die sich auf eine Vernachlässigung bzw. Gefährdung von Kindern bezögen oder auf eine Überforderung der Eltern schließen ließen, und lud den Kläger und seine Ehefrau zu einem Gespräch ein, um gemeinsam mit ihnen ein mögliches Gefährdungsrisiko ihres Kindes einschätzen zu können. Daraufhin wandte sich der Kläger u. a. wie folgt schriftlich an den Beklagten: Dass das Jugendamt nicht wisse, wie der Lebensunterhalt der Familie sichergestellt sei, begründe ebenso wenig gewichtige Anhaltspunkte für eine Kindeswohlgefährdung wie das Wissen um den früheren Gesundheitszustand der Eltern. Auch in der Vergangenheit hätten sie problemlos für das Wohl des Kindes sorgen können. Der Kinderarzt sei mit der Entwicklung des Kindes sehr zufrieden. Die Untersuchungen seien bisher unauffällig gewesen. Der Staat habe nicht das Recht, in die Privatsphäre der Familie einzugreifen, solange die gesetzlichen Ausnahmeregelungen nicht griffen.

Der Beklagte regte deshalb beim Amtsgericht (Familiengericht) eine Anhörung an, da die Personensorgeberechtigten nicht bereit seien, bei der Abschätzung des Gefährdungsrisikos mitzuwirken. (...) Die vom Familiengericht bestellte Verfahrensbeiständin konnte keinen Kontakt zum Kind herstellen, weil der Kläger dies ablehnte. Bei seiner Anhörung durch das Familiengericht teilte der Kläger mit, dass er sich und seine Familie unter der bisherigen Wohnadresse abgemeldet habe, dass er keine Angaben mehr mache und dem Gericht „viel Spaß bei der weiteren Ermittlung wünsche". Weitere Hausbesuche des Beklagten beim Kläger unter der bekannten bisherigen Wohnadresse blieben erfolglos.

Mit seiner Klage wandte er sich gegen die unangemeldeten Hausbesuche, forderte den Beklagten u. a. auf, die Aussage zu widerrufen, er verweigere die Kooperation mit Jugendamt und Familiengericht und widersprach der Weitergabe ihn betreffender Daten vom Sozialamt an das Jugendamt. Zur Begründung führte er aus, dass die geplante Einschätzung eines möglichen Gefährdungsrisikos rechtwidrig sei und die dem Jugendamt bekannten Daten nicht den Anforderungen des § 8a Abs. 1 SGB VIII genügten. Die durch rechtswidriges Vorgehen erworbenen Daten seien zu löschen und unwahre Behauptungen zurückzunehmen.

Aus den Gründen: „(...) Dass das Jugendamt im Rahmen seiner präventiven, sozialräumlichen Arbeit berechtigt ist, auch Anhaltspunkten, die unterhalb der Schwelle des § 8a Abs. 1 SGB VIII bleiben, nachzugehen und sich erste Informationen über die Situation des betreffenden Kindes oder Jugendlichen zu beschaffen, ist in der in § 8a Abs. 1 Satz 1 SGB VIII vorgeschriebenen Abschätzung des Gefährdungsrisikos als selbstverständlich vorausgesetzt. Dementsprechend bestehen von vornherein keine rechtlichen Bedenken dagegen, dass das Jugendamt des Beklagten den Hinweis des Sozialamts auf den vom Kläger erklärten Verzicht auf die weitere Gewährung von Sozialhilfe und die gesundheitlichen Einschränkungen der Mutter sowie die psychische Erkrankung des Klägers zum Anlass genommen hat, die Wohnung der Familie des Klägers aufzusuchen und ihn im Hinblick auf eine Einschätzung eines möglichen Gefährdungsrisikos zu einem gemeinsamen Gespräch einzuladen. (...) Die vom Beklagten vorgenommene Erhebung von Daten über die Familie des Klägers (ist) nicht rechtswidrig gewesen. Nach § 62 Abs. 3 Nr. 2 d) SGB VIII dürfen Sozialdaten ohne Mitwirkung des Betroffenen erhoben werden, wenn ihre Erhebung beim Betroffenen nicht möglich ist oder die jeweilige Aufgabe ihrer Art nach eine Erhebung bei anderen erfordert, die Kenntnis der Daten aber erforderlich ist für die Erfüllung des Schutzauftrages bei Kindeswohlgefährdung nach § 8a SGB VIII. Diese Voraussetzungen waren hier erfüllt. (...) Insoweit ist anzumerken, dass der Kläger den ursprünglichen Verdacht eines Gefährdungsrisikos seines Kindes durch sein Verhalten gegenüber dem Jugendamt, dem Familiengericht und auch im vorliegenden Verfahren eher bestätigt hat. (...) So fällt auf, dass der Kläger sowohl gegenüber dem Jugendamt als auch gegenüber dem Familiengericht sowie im vorliegenden Verfahren durch vielfältige Eingaben mit umfangreichen Ausführungen zu verfassungsrechtlichen, jugendhilferechtlichen und datenschutzrechtlichen Darlegungen – und zum Teil auch beleidigenden und verhöhnenden Äußerungen – versucht hat, den

Eindruck gravierender Verletzungen seiner persönlichen Rechte zu erwecken, ohne sich zu irgendeinem Zeitpunkt erkennbar der eigentlich im Mittelpunkt der Problematik liegenden Frage zu stellen, ob etwa angesichts seiner psychischen Erkrankung jugendhilferechtliche Maßnahmen zum Wohl seines Kindes angezeigt sein könnten. Dies lässt ein Maß an einer Ich-Bezogenheit des Klägers erkennen, das schon für sich gesehen die von ihm gerügten Maßnahmen des Jugendamts als gerechtfertigt erscheinen lässt. Sind mithin die vom Kläger mit seinem Klageantrag (...) gerügten Maßnahmen des Beklagten rechtlich nicht zu beanstanden, entbehren auch die mit den übrigen Klageanträgen geltend gemachten Ansprüche jeglicher Grundlage (...)" (VG Münster, Urteil v. 02.04.2009 – 6 K 1929/07 –, juris).

3.3

Gem. § 8a Abs. 1 S. 2 SGB VIII sind in die Gefährdungseinschätzung die Erziehungsberechtigten und das Kind oder der Jugendliche grundsätzlich einzubeziehen, sofern der wirksame Schutz dieses Kindes oder Jugendlichen nicht in Frage gestellt wird.

§ 7 SGB VIII
Begriffsbestimmungen

(1) Im Sinne dieses Buches ist

1. Kind, wer noch nicht 14 Jahre alt ist, soweit nicht die Absätze 2 bis 4 etwas anderes bestimmen,
2. Jugendlicher, wer 14, aber noch nicht 18 Jahre alt ist,
3. junger Volljähriger, wer 18, aber noch nicht 27 Jahre alt ist,
4. junger Mensch, wer noch nicht 27 Jahre alt ist,
5. Personensorgeberechtigter, wem allein oder gemeinsam mit einer anderen Person nach den Vorschriften des Bürgerlichen Gesetzbuchs die Personensorge zusteht,
6. Erziehungsberechtigter, der Personensorgeberechtigte und jede sonstige Person über 18 Jahre, soweit sie auf Grund einer Vereinbarung mit dem Personensorgeberechtigten nicht nur vorübergehend und nicht nur für einzelne Verrichtungen Aufgaben der Personensorge wahrnimmt.

(2) Kinder, Jugendliche, junge Volljährige und junge Menschen mit Behinderungen im Sinne dieses Buches sind Menschen, die körperliche, seelische, geistige oder Sinnesbeeinträchtigungen haben, die sie in Wechselwirkung mit einstellungs- und umweltbedingten Barrieren an der gleichberechtigten Teilhabe an der Gesellschaft mit hoher Wahrscheinlichkeit länger als sechs Monate hindern können. Eine Beeinträchtigung nach Satz 1 liegt vor, wenn der Körper- und Gesundheitszustand von dem für das Lebensalter typischen Zustand abweicht. Kinder, Jugendliche, junge Volljährige und junge Menschen sind von Behinderung bedroht, wenn eine Beeinträchtigung nach Satz 1 zu erwarten ist.

(3) Kind im Sinne des § 1 Absatz 2 ist, wer noch nicht 18 Jahre alt ist.

(4) Werktage im Sinne der §§ 42a bis 42c sind die Wochentage Montag bis Freitag; ausgenommen sind gesetzliche Feiertage.
(5) Die Bestimmungen dieses Buches, die sich auf die Annahme als Kind beziehen, gelten nur für Personen, die das 18. Lebensjahr noch nicht vollendet haben.

Der Gesetzestext des § 8a SGB VIII spricht überwiegend „Erziehungsberechtigte" an, in der Regel also die Eltern als „Personensorgeberechtigte", vgl. § 7 Abs. 1 Nr. 5 und Nr. 6 SGB VIII. Neben den Personensorgeberechtigten sind aber auch sonstige Volljährige einbezogen, die auf Grund entsprechender Vereinbarung mit dem Personensorgeberechtigten („nicht nur vorübergehend") Erziehungsaufgaben wahrnehmen, wie etwa im Haushalt lebende Verwandte, Partner, Heimerzieher (Tillmanns, MüKo, SGB VIII § 7 RN 5 m. w. N.). Ohne erkennbaren Grund verzichtet das Gesetz in § 8a SGB VIII auf eine in allen Absätzen der Vorschrift einheitliche Sprachregelung wie in Abs. 3 S. 2 – „Personensorgeberechtigte oder Erziehungsberechtigte" -(ähnlich Bringewat in LPK-SGB VIII § 8a RN 64: „nicht nachvollziehbar").

Die verpflichtende Beteiligung des Kindes/Jugendlichen trägt dessen Subjektstellung Rechnung; dabei ist auf dessen Alter, Entwicklungsstand und augenblickliche Verfassung Rücksicht zu nehmen (Wiesner, SGB VIII § 8a RN 23). Die notwendige Hinzuziehung der Eltern bzw. Erziehungsberechtigten bei der Einschätzung der Gefährdung folgt aus deren Erziehungsverantwortung wie auch ihrer vorrangigen Pflicht und ihrem Recht, zunächst selbst zur Gefahrenabwehr tätig zu werden, vgl. § 1666 Abs. 1 BGB. Denn staatliche Eingriffe wegen Kindeswohlgefährdung sind nur dann erlaubt, wenn die Eltern nicht bereit oder in der Lage sind, Gefährdungen von ihrem Kind abzuwenden. Die Pflicht zur Beteiligung besteht deshalb grundsätzlich auch dann, wenn die Eltern selbst (bisher) zu der Gefährdung durch Tun oder Unterlassen beigetragen haben (Wiesner, SGB VIII, § 8a RN 18).

In der Regel entspricht die Beteiligung der Eltern auch den Interessen des Kindes, da die Kindeswohlgefährdung in erster Linie durch Stärkung der Bereitschaft und Fähigkeit der Eltern, ihre Erziehungsverantwortung wahrzunehmen, abzuwenden ist (Tillmanns, MüKo, SGB VIII § 8a RN 6). Etwas anderes gilt nur, wenn der Schutz des Kindes/Jugendlichen hierdurch in Frage gestellt wird, so z. B. bei sexuellem Missbrauch, früherer Misshandlung oder akuter sonstiger Gefährdung durch die Erziehungsberechtigten (Tillmanns, ebd.). Informationen zur Gefährdungseinschätzung erlangt das Jugendamt schließlich auch über dritte Personen wie Lehrer, Nachbarn, Bekannte bzw. durch Auskünfte aus Kindergarten oder Klinik usw., was zur Erfüllung des Schutzauftrages datenschutzrechtlich gem. § 62 Abs. 3 Nr. 2d SGB VIII unproblematisch ist (Kunkel in LPK-SGB VIII, § 62 RN 15 ff.).

3.4

Nach § 8a Abs. 1 S. 2 Nr. 1 SGB VIII hat das Jugendamt darüber hinaus ferner zu prüfen, ob es nach fachlicher Einschätzung erforderlich ist, „sich (bei der Gefährdungseinschätzung) einen unmittelbaren Eindruck von dem Kind und von seiner persönlichen Umgebung zu verschaffen". Dieser (im Rahmen der Diskussion des Gesetzentwurfs des Bundeskinderschutzgesetzes in der Fachöffentlichkeit hoch umstrittene) sog. Hausbesuch ist ausdrücklich nur bei Kindern (gem. § 7 Abs. 1 Nr. 1 SGB VIII also bis zur Vollendung des 14. Lebensjahres) und in der persönlichen Umgebung des Kindes vorgesehen (für Hausbesuch auch bei Jugendlichen: Bringewat in LPK-SGB VIII § 8a RN 53 m. w. N.). Die Erforderlichkeit eines solchen Hausbesuches sieht der Gesetzgeber insbesondere für die Einschätzung der Gefährdungssituation bei Säuglingen und Kleinkindern. Mit der Hausbesuchsregelung soll die Gefährdungseinschätzung durch einen unmittelbaren Eindruck von dem betroffenen Kind und seiner persönlichen Umgebung optimiert werden. Gemeint ist dabei insbesondere die Einschätzung

- des körperlichen und geistigen Entwicklungsstandes des Kindes
- der Wohnverhältnisse des Kindes sowie
- seines Verhaltens in der ihm vertrauten Umgebung (vgl. BT-Drucksache 17/6256, Seite 21).

Allerdings steht die Pflicht zur Durchführung eines Hausbesuchs unter dem Vorbehalt, dass ein Hausbesuch nach fachlicher Einschätzung erforderlich ist. Damit handelt es sich nicht um eine abstrakte Regelverpflichtung zum Hausbesuch, sondern es bedarf auf der Basis einer Gesamtwürdigung der bis dahin bekannt gewordenen gewichtigen Anhaltspunkte einer fachlichen Einschätzung über die Erforderlichkeit dieser Maßnahme (Bringewat in LPK-SGB VIII RN 53 m. w. N.).

Der Hausbesuch setzt voraus, dass der Wohnungsinhaber bereit ist, dem Mitarbeiter des Jugendamts den Zutritt zu gewähren. Die Hausbesuchsregelung erlaubt keine Durchsuchung der Wohnung. Bei Gefahr im Verzug ist für die Abwendung einer Kindeswohlgefährdung daher die Polizeibehörde einzuschalten, vgl. insoweit § 8a Abs. 3 S. 2 SGB VIII.

Zur Durchführung unangekündigter Hausbesuche bei gewichtigen Anlässen führt das VG Freiburg aus: „Rechtsgrundlage für die Durchführung von Hausbesuchen (…) ist § 8a Abs. 1 Satz 1, 2 SGB VIII. Die Regelung des § 8a Abs. 1 SGB VIII ist Ausfluss des aus dem staatlichen Wächteramt (Art. 6 Abs. 2 Satz 2 GG) abgeleiteten Schutzauftrags des Jugendamts (…) und enthält die Verpflichtung des Jugendamts, tätig zu werden, wenn ihm gewichtige Anhaltspunkte für eine Kindeswohlgefährdung bekannt werden. Zunächst hat daher das Jugendamt die ihm vorliegenden Anhaltspunkte daraufhin zu bewerten, ob sie als ‚gewichtig' im Sinne des Gesetzes einzustufen sind. Ist dies der Fall, hat das Jugendamt gemäß Satz 1 der Regelung eine Abschätzung des Gefährdungsrisikos vorzunehmen, um auf dieser Basis über das weitere Vorgehen – auf Grundlage von § 8a Abs. 1 Satz 3, Abs. 2 und 3 SGB VIII – entscheiden zu können. Diese Gefährdungseinschätzung ist zumeist erst auf der Grundlage weiterer Informationen möglich (...). Das Jugendamt ist daher regelmäßig gehalten, den Sachverhalt weiter aufzuklären und sich hierfür auch einen unmittelbaren Eindruck von dem Kind und von seiner persönlichen Umgebung zu verschaffen (§ 8a Abs. 1 Satz 2 SGB VIII). Ein allgemein anerkanntes und praktiziertes Mittel in diesem Zusammenhang ist die Durchführung eines Hausbesuchs (...) Daraus ergibt sich, dass die Antragsgegnerin (das Jugendamt, der Verf.), sofern im Falle der Kinder der Antragstellerin gewichtige Anhaltspunkte für eine Kindeswohlgefährdung vorliegen, jederzeit nicht nur berechtigt, sondern grundsätzlich sogar verpflichtet ist, sich ein ausreichendes Bild über die tatsächliche Situation zu verschaffen und in diesem Zusammenhang auch einen – je nach konkreter Situation angemeldeten oder unangemeldeten – Hausbesuch durchzuführen, um eine Gefährdungseinschätzung auf möglichst großer Tatsachenbasis vornehmen zu können. Diese Schutzpflicht des Jugendamts zugunsten der Kinder der Antragstellerin steht der von der Antragstellerin begehrten Untersagung bzw. zahlenmäßigen Begrenzung von Hausbesuchen durch die Antragsgegnerin bereits im Ansatz entgegen. Der Antragstellerin steht kein Recht zu, von Hausbesuchen nach Maßgabe des § 8a Abs. 1 SGB VIII verschont zu werden. (...). Die Struktur des § 8a SGB VIII macht deutlich, dass die Durchführung von Hausbesuchen der Informationsgewinnung des Jugendamts dient, um eine Gefährdungseinschätzung vornehmen zu können. Je nach Ergebnis dieser Gefährdungseinschätzung kann das Jugendamt anschließend den Personensorgeberechtigten Hilfen anbieten (§ 8a Abs. 1 Satz 3 SGB VIII), das Familiengericht anrufen (§ 8a Abs. 2 Satz 1 SGB VIII) bzw. bei dringender Gefahr das Kind in Obhut nehmen (§ 8a Abs. 2 Satz 2 SGB VIII) oder schließlich auf die Inanspruchnahme anderer Stellen durch die Erziehungsberechtigten hinwirken bzw. selbst diese Stellen einschalten (§ 8a Abs. 3 SGB VIII). Weder in § 8a SGB VIII oder an anderer Stelle ist dagegen die Durchführung regelmäßiger, für die betroffenen Familien verpflichtender Hausbesuche durch das Jugendamt vorgesehen. (...). Daraus folgt, dass für den Fall, dass freiwillige Hilfen – wie im Falle der Antragstellerin – nicht in Anspruch genommen werden, nur der Weg über das Familiengericht verbleibt, falls die Schwelle für dessen Anrufung erreicht ist; regelmäßige Kontrollbesuche, die nicht im Einverständnis der betroffenen Familie erfolgen, als Ersatz für die fehlende – freiwillige – Inanspruchnahme geeigneter Hilfen durch den Erziehungsberechtigten gehören dagegen nicht zu dem vom Gesetz vorgesehenen Instrumentarium einer Jugendhilfebehörde (...). Dies gilt ungeachtet des Umstands, dass die Durchführung eines Hausbesuchs selbstredend ein (wieder) zulässiges und ggf. gebotenes Mittel der Sachverhaltsermittlung ist, sobald aktuell gewichtige Anhaltspunkte für eine Kindeswohlgefährdung vorliegen." (VG Freiburg Breisgau, Beschluss vom 02. Oktober 2013 – 4 K 1168/13 –, juris RN 6–13).

3.5

Nach der Neufassung des § 8a SGB VIII durch das Kinder- und Jugendstärkungsgesetz – KJSG (2021) sind nunmehr Personen, die gem. § 4 Abs. 3 des Gesetzes zur Kooperation und Information im Kinderschutz (KKG) dem Jugendamt Daten übermittelt haben, in geeigneter Weise an der Gefährdungseinschätzung zu beteiligen. Gemeint ist die Einbeziehung von Berufsgeheimnisträgern, die auf der Grundlage der in § 4 KKG geregelten Befugnis das Jugendamt wegen des Verdachts einer Kindeswohlgefährdung informiert haben. In diesem Zusammenhang wurde § 4 KKG ebenfalls durch das KJSG (2021) entsprechend aktualisiert.

§ 4 KKG
Beratung und Übermittlung von Informationen durch Geheimnisträger bei Kindeswohlgefährdung

(1) Werden

1. Ärztinnen oder Ärzten, Zahnärztinnen oder Zahnärzten, Hebammen oder Entbindungspflegern oder Angehörigen eines anderen Heilberufes, der für die Berufsausübung oder die Führung der Berufsbezeichnung eine staatlich geregelte Ausbildung erfordert,
2. Berufspsychologinnen oder -psychologen mit staatlich anerkannter wissenschaftlicher Abschlussprüfung,
3. Ehe-, Familien-, Erziehungs- oder Jugendberaterinnen oder -beratern sowie
4. Beraterinnen oder Beratern für Suchtfragen in einer Beratungsstelle, die von einer Behörde oder Körperschaft, Anstalt oder Stiftung des öffentlichen Rechts anerkannt ist,
5. Mitgliedern oder Beauftragten einer anerkannten Beratungsstelle nach den §§ 3 und 8 des Schwangerschaftskonfliktgesetzes,
6. staatlich anerkannten Sozialarbeiterinnen oder -arbeitern oder staatlich anerkannten Sozialpädagoginnen oder -pädagogen oder
7. Lehrerinnen oder Lehrern an öffentlichen und an staatlich anerkannten privaten Schulen

in Ausübung ihrer beruflichen Tätigkeit gewichtige Anhaltspunkte für die Gefährdung des Wohls eines Kindes oder eines Jugendlichen bekannt, so sollen sie mit dem Kind oder Jugendlichen und den Erziehungsberechtigten die Situation erörtern und, soweit erforderlich, bei den Erziehungsberechtigten auf die Inanspruchnahme von Hilfen hinwirken, soweit hierdurch der wirksame Schutz des Kindes oder des Jugendlichen nicht in Frage gestellt wird.

(2) Die Personen nach Absatz 1 haben zur Einschätzung der Kindeswohlgefährdung gegenüber dem Träger der öffentlichen Jugendhilfe Anspruch auf Beratung durch eine insoweit erfahrene Fachkraft. Sie sind zu diesem Zweck befugt, dieser Person die dafür erforderlichen Daten zu übermitteln; vor einer Übermittlung der Daten sind diese zu pseudonymisieren.

(3) Scheidet eine Abwendung der Gefährdung nach Absatz 1 aus oder ist ein Vorgehen nach Absatz 1 erfolglos und halten die in Absatz 1 genannten Personen ein Tätigwerden des Jugendamtes für erforderlich, um eine Gefährdung des Wohls eines Kindes oder eines

Jugendlichen abzuwenden, so sind sie befugt, das Jugendamt zu informieren; hierauf sind die Betroffenen vorab hinzuweisen, es sei denn, dass damit der wirksame Schutz des Kindes oder des Jugendlichen in Frage gestellt wird. Zu diesem Zweck sind die Personen nach Satz 1 befugt, dem Jugendamt die erforderlichen Daten mitzuteilen. Die Sätze 1 und 2 gelten für die in Absatz 1 Nummer 1 genannten Personen mit der Maßgabe, dass diese unverzüglich das Jugendamt informieren sollen, wenn nach deren Einschätzung eine dringende Gefahr für das Wohl des Kindes oder des Jugendlichen das Tätigwerden des Jugendamtes erfordert.

(4) Wird das Jugendamt von einer in Absatz 1 genannten Person informiert, soll es dieser Person zeitnah eine Rückmeldung geben, ob es die gewichtigen Anhaltspunkte für die Gefährdung des Wohls des Kindes oder Jugendlichen bestätigt sieht und ob es zum Schutz des Kindes oder Jugendlichen tätig geworden ist und noch tätig ist. Hierauf sind die Betroffenen vorab hinzuweisen, es sei denn, dass damit der wirksame Schutz des Kindes oder des Jugendlichen in Frage gestellt wird.

(5) Die Absätze 2 und 3 gelten entsprechend für Mitarbeiterinnen und Mitarbeiter von Zollbehörden.

(6) Zur praktischen Erprobung datenschutzrechtskonformer Umsetzungsformen und zur Evaluierung der Auswirkungen auf den Kinderschutz kann Landesrecht die Befugnis zu einem fallbezogenen interkollegialen Austausch von Ärztinnen und Ärzten regeln.

Nach der Gesetzesbegründung setzt „ein wirksamer Kinderschutz (...) voraus, dass die Grenzen der für den Schutz von Kindern und Jugendlichen relevanten Leistungssysteme und Institutionen insbesondere durch deren effektives Zusammenwirken im Einzelfall überwunden werden – auch bei der Einschätzung der Gefährdungssituation eines Kindes oder Jugendlichen. Das Jugendamt muss diese Einschätzung auf einer möglichst breiten und fundierten Erkenntnisgrundlage vornehmen. Bereits nach geltendem Recht ist es daher verpflichtet, im Rahmen der Gefährdungseinschätzung die ihm von Dritten zugetragenen Informationen und Wertungen auf ihre Plausibilität und Nachvollziehbarkeit hin zu überprüfen. Diese Pflicht umfasst in Abhängigkeit vom jeweiligen Einzelfall auch die Einholung von Informationen bei Dritten und damit auch die Einbeziehung von Berufsgeheimnisträgerinnen und Berufsgeheimnisträgern, die gewichtige Anhaltspunkte für eine Gefährdung des Wohls eines Kindes oder Jugendlichen mitgeteilt haben, in die Gefährdungseinschätzung. (...) Vor diesem Hintergrund wird mit der Regelung in Absatz 1 Satz 2 Nummer 2 die Möglichkeit geschaffen, Berufsgeheimnisträgerinnen und Berufsgeheimnisträger, die auf der Grundlage der in §4 KKG geregelten Befugnis das Jugendamt wegen des Verdachts einer Kindeswohlgefährdung informiert haben, in das Verfahren zur Gefährdungseinschätzung nach einer Meldung an das Jugendamt einzubeziehen. (...) Das heißt, zukünftig sind meldende Berufsgeheimnisträgerinnen und Berufsgeheimnisträger nach § 4 Absatz 1 Satz 1 KKG am Prozess der Gefährdungseinschätzung unter der Voraussetzung zu beteiligen, dass damit der wirksame Schutz des

Kindes oder Jugendlichen nicht in Frage gestellt wird und dies nach fachlicher Einschätzung des Jugendamtes erforderlich ist. Zu einer – etwaigen – konkreten Gefährdungseinschätzung findet so die in diesem Rahmen erforderliche Datenübermittlung nach fachlicher Einschätzung der Mitarbeiterinnen und Mitarbeiter des Jugendamtes statt. Rechtfertigende Grundlage dieser Informationsweitergabe ist die unmittelbare Anknüpfung an die Befugnis zur Datenübermittlung nach § 4 Absatz 1 KKG, das heißt die Berufsgeheimnisträgerin bzw. der Berufsgeheimnisträger agiert im Rahmen ein- und desselben konkreten Gefährdungsabwendungsprozesses. Das Interesse der betroffenen Personen (Kinder, Jugendliche und Personensorgeberechtigte) am Schutz ihrer Persönlichkeitsrechte sowie Vertrauensschutzaspekte finden darüber hinaus Berücksichtigung durch die Beschränkung der Beteiligungspflicht auf die nach fachlicher Einschätzung des Jugendamtes erforderlichen Fälle. Die Erforderlichkeit der Beteiligung kann nur nach fachlicher Erkenntnis des Jugendamtes anhand der Situation im jeweiligen Einzelfall beurteilt werden. Für Datenübermittlungen zum Zwecke der Gefährdungseinschätzung vom Jugendamt an die Personen, die dem Jugendamt nach § 4 Absatz 1 Satz 1 KKG Daten übermittelt haben, gelten die §§ 61 bis 68 des SGB VIII“ (BT-Drucks. 19/26107 S. 74/75).

3.6

Das Jugendamt hat das Gefährdungsrisiko im Zusammenwirken mehrerer Fachkräfte einzuschätzen. Die Regelung ist der verpflichtenden kollegialen Beratung im Hilfeplanverfahren (§ 36 Abs. 2 SGB VIII) nachgebildet, Fallzuständigkeit und Fallverantwortung werden durch das Zusammenwirken nicht berührt, die mitwirkenden Fachkräfte haben einen beratenden Status (Wiesner SGB VIII § 8a RN 26). Ein Zusammenwirken „mehrerer“ Fachkräfte kann nur angenommen werden, wenn mindestens zwei Fachkräfte beteiligt sind. Nach Sinn und Zweck der Vorschrift muss zumindest die hinzugezogene Fachkraft über spezifische Kompetenzen für die Gefährdungseinschätzung verfügen (ebd. RN 27). Der Kreis der Fachkräfte „kann und muss“ sich je nach Einzelfallgestaltung aus Fachkräften derselben Fachrichtung, aus Fachkräften verschiedener Fachdisziplinen, aus Fachkräften des ASD und solchen außerhalb des ASD, aus sozialarbeiterischen bzw. sozialpädagogischen Fachkräften bzw. aus Verwaltungsfachkräften zusammensetzen; gesetzlich zulässig ist ferner die Mitwirkung von Fachkräften außerhalb des Jugendamts – soweit von der Gefährdungsproblematik her geboten (Bringewat in LPK-SGB VIII RN 58; Tillmanns, MüKö, SGB VIII § 8a RN 5). Zusammenwirken zur Einschätzung des Gefährdungsrisikos bedeutet einen fachlich-methodisch bestimmten Beurteilungs- und Bewertungsprozess mit klaren Regeln und Formen der interfachlichen Kommunikation, der allein darauf abzielt, das bestehende Risiko der Kindeswohlgefährdung nach Art und Ausmaß als Ergebnis einer gesamtfachlichen Beurteilung festzustellen, wobei das

Zusammenwirken der wechselseitigen Kontrolle und ggf. der Korrektur fachspezifischer Annahmen, Erklärungen, Begründungen usw. dient (Bringewat in LPK-SGB VIII RN 60). Hinzu kommt, dass für den Träger der öffentlichen Jugendhilfe die sich aus Artikel 16 der VN-Behindertenrechtskonvention ergebende Verpflichtung, Menschen mit Behinderungen vor jeder Form von Ausbeutung, Gewalt und Missbrauch, einschließlich geschlechtsspezifischer Aspekte zu schützen, unmittelbar geltendes Recht ist, sodass der Träger der öffentlichen Jugendhilfe bei der Wahrnehmung des Schutzauftrags und damit insbesondere auch bei der Einschätzung der Gefährdung eines Kindes oder Jugendlichen den besonderen Schutzbedürfnissen von Kindern und Jugendlichen mit Behinderungen Rechnung zu tragen hat (BT-Drucks. 19/26107 S. 75).

3.7

Die Erziehungsberechtigten bzw. Personensorgeberechtigten sind ausdrücklich zur Mitwirkung an der Abschätzung des Gefährdungsrisikos verpflichtet. Ihre Mitwirkung stellt sich als eine Obliegenheit dar, die sich aus dem Pflichtcharakter des Elternrechts nach Art. 6 Abs. 2 S. 1 GG ergibt. Sind die Eltern mithin nicht bereit, an der Gefährdungseinschätzung mitzuwirken, hat das Jugendamt das Familiengericht anzurufen, § 8a Abs. 2 S. 1 Hs. 2 SGB VIII. Unerheblich ist, warum die Eltern keine Mitwirkungsbereitschaft zeigen. Es liegt auf der Hand, dass mangelnde Mitwirkungsbereitschaft oder -fähigkeit der Eltern an der Aufklärung eines durch gewichtige Anhaltspunkte zu Tage getretenen Gefährdungssachverhalts ihres Kindes/Jugendlichen die gerichtliche Erörterung einer möglichen Kindeswohlgefährdung, vgl. § 157 FamFG, notwendig macht.

§ 157 FamFG

Erörterung der Kindeswohlgefährdung; einstweilige Anordnung

(1) In Verfahren nach den §§ 1666 und 1666a des Bürgerlichen Gesetzbuchs soll das Gericht mit den Eltern und in geeigneten Fällen auch mit dem Kind erörtern, wie einer möglichen Gefährdung des Kindeswohls, insbesondere durch öffentliche Hilfen, begegnet werden und welche Folgen die Nichtannahme notwendiger Hilfen haben kann.

(2) Das Gericht hat das persönliche Erscheinen der Eltern zu dem Termin nach Absatz 1 anzuordnen. Das Gericht führt die Erörterung in Abwesenheit eines Elternteils durch, wenn dies zum Schutz eines Beteiligten oder aus anderen Gründen erforderlich ist.

(3) In Verfahren nach den §§ 1666 und 1666a des Bürgerlichen Gesetzbuchs hat das Gericht unverzüglich den Erlass einer einstweiligen Anordnung zu prüfen.

4. Konsequenzen der Risikoeinschätzung

4.1

Hat das Jugendamt gewichtige Anhaltspunkte für eine Kindeswohlgefährdung verifiziert und kommt es im Rahmen der Gefährdungsabschätzung mit mehreren Fachkräften unter Einbeziehung der Beteiligten zu dem Ergebnis, dass eine Gefährdung gegeben ist, zu deren Abwendung die Gewährung von Hilfen geeignet und notwendig ist, so hat es den Erziehungsberechtigten ein Hilfeangebot zu unterbreiten, § 8a Abs. 1 S. 3 SGB VIII. Die Hilfen sind keineswegs auf Leistungen gem. § 2 Abs. 2 SGB VIII beschränkt, wenn auch oftmals und in erster Linie Hilfen zur Erziehung nach den §§ 27 ff. SGB VIII in Betracht kommen werden (Bringewat in LPK-SGB VIII § 8a RN 70). Letztlich ist der Hilfebegriff jedenfalls weit zu fassen, sodass deshalb alle Leistungen der Kinder- und Jugendhilfe, die das Gesetz zur Förderung von Kindern und Jugendlichen vorsieht, anzubieten sind (ähnlich: Wiesner, SGB VIII § 8a RN 29). Im Ergebnis kann ein Hilfeangebot jedoch nur dann zur Gefährdungsabwendung geeignet sein, wenn die Erziehungsberechtigten mit der Gewährung der Hilfe einverstanden sind und damit an der Beseitigung der Kindeswohlgefährdung mitwirken: Denn jedweder staatlicher Eingriff zur Beseitigung einer Kindeswohlgefährdung kommt gem. § 1666 BGB nur dann in Betracht, wenn die Eltern nicht bereit oder in der Lage sind, die Gefährdung für ihr Kind selbst abzuwenden. Das vorrangige Hilfeangebot des Jugendamtes und dessen Annahme durch die Erziehungsberechtigten entspricht daher dem (verfassungsrechtlich) geschützten Erziehungsvorrang der Eltern.

4.2

Die Anrufung des Familiengerichts ist indes geboten, wenn das Jugendamt ein Tätigwerden des Familiengerichts zur Abwendung der Gefährdung für erforderlich hält, § 8a Abs. 2 S. 1 HS 1 SGB VIII. Dies kommt insbesondere dann in Betracht, wenn die Erziehungsberechtigten nicht bereit oder nicht in der Lage sind, bei der Gefahrenabwehr mitzuwirken. Die Notwendigkeit der Anrufung des Familiengerichts – sog. Gefährdungsmitteilung – kann sich aber auch daraus ergeben, dass die (auch für die Erziehungsberechtigten) offenkundige Gefährdungssituation ein umgehendes gerichtliches Handeln – jedenfalls im Hinblick auf eine Erörterung gem. § 157 FamFG – erfordert.

Die Mitteilung des Jugendamts an das Familiengericht, dass es das Tätigwerden des Gerichts für erforderlich hält, stellt weder einen (irgendwie gearteten) Eingriff in das Sorgerecht, noch einen sonstigen Eingriff in subjektive Rechts des Erziehungsberechtigten dar. Hierzu führt der Hessische Verwaltungsgerichtshof aus: „Die Mitteilung des Jugendamts nach § 8a Abs. 2 SGB VIII stellt eine sog. Gefährdungsmitteilung dar, also eine reine Information des Familiengerichts, dass dessen Tätigwerden seitens der Fachbehörde in einer konkreten Situation als erforderlich angesehen wird. Eigene Eingriffskompetenzen hat das Jugendamt insoweit nicht; es wird auch nicht – entgegen der Auffassung der Antragsteller – durch die Gefährdungsmitteilung das familiengerichtliche Verfahren beantragt, sondern lediglich – wie dargelegt – eine Information des Familiengerichts bewirkt, dessen ggf. zu treffende Maßnahmen sich dann nach § 1666 BGB bestimmen. Eingriffe in das Sorgerecht ebenso wie Maßnahmen nach § 1666 Abs. 3 Nr. 3 bis 5 BGB können hingegen erst und ausschließlich aufgrund einer späteren familiengerichtlichen Entscheidung erfolgen, sodass die bloße Gefährdungsmitteilung an sich keinerlei Eingriffscharakter hat. Die Pflicht zur Anrufung des Familiengerichts ist vielmehr Teil des Klärungsprozesses, den § 8a SGB VIII intendiert (…) Zwar hat das Jugendamt grundsätzlich in eigener Verantwortung die Eignung öffentlicher Hilfen zur Abwehr einer Kindswohlgefährdung zu beurteilen und diese den Erziehungsberechtigten anzubieten (§ 8a SGB VIII Abs. 1 Satz 3 SGB VIII); jedoch ist dem Familiengericht das staatliche Wächteramt aus Art. 6 Abs. 2 Satz 2 GG in eigener Verantwortung auferlegt. Es besteht lediglich eine Verantwortungsgemeinschaft von Familiengericht und Jugendamt sowie die Pflicht zu einer kooperativen Zusammenarbeit. Gelingt die vorrangige Verantwortungsgemeinschaft von Familiengericht und Jugendamt nicht, besteht zwingend eine Letztverantwortlichkeit und ein Letztentscheidungsrecht des Familiengerichts (…). Ausgehend hiervon folgt aus der reinen Gefährdungsmitteilung des Jugendamts, also der damit verbundenen bloßen Information des Familiengerichts darüber, dass das Jugendamt dessen Tätigwerden für erforderlich hält, noch keine – auch keine nur mögliche – Verletzung der Antragsteller in eigenen Rechten, da hierdurch unmittelbar keine Eingriffe in deren Sorgerecht und auch keine sonstigen Eingriffe in subjektive Rechte der Erziehungsberechtigten verbunden sind. Gleiches gilt für die bloße Mitwirkung des Jugendamts in einem hierdurch veranlassten familiengerichtlichen Verfahren. Allein dass hierdurch die Möglichkeit begründet wird, dass das Familiengericht in eigener Verantwortung infolge einer Gefährdungsmitteilung gemäß § 8a Abs. 2 SGB VIII tätig werden könnte, begründet noch keine Gefahr der Verletzung der Antragsteller in eigenen Rechten" (Hessischer Verwaltungsgerichtshof, Beschluss v. 07.11.2012 – 10 B 1973/12 –, juris RN 11–13).

Eine solche Gefährdungsmitteilung des Jugendamts verpflichtet das Familiengericht, den Sachverhalt von Amts wegen aufzuklären, die zur Feststellung der Tatsachen erforderlichen Ermittlungen durchzuführen und ggf. die erforderlichen Maßnahmen anzuordnen, um das Kind vor der erkannten Gefährdung zu schützen, also Maßnahmen nach § 1666 BGB zu treffen (Saarländisches Oberlandesgericht Saarbrücken, Beschluss v. 20.03.2007 – 9 UF 167/06 –, juris RN 11 ff.). An bestimmte Anträge oder Anregungen des Jugendamts zu konkreten Maßnahmen ist das Familiengericht nicht gebunden, dennoch wird die Anrufung des Familiengerichts durch das Jugendamt in der Regel die Beantragung einer bestimmten Maßnahme beinhalten (Tillmanns, MüKo, SGB VIII § 8a RN 8). Allerdings ist das Jugendamt mit Rücksicht auf seine Mitwirkung an dem familiengerichtlichen Verfahren (§§ 1666, 1666a BGB) als Verfahrensbeteiligter beschwerdebefugt, § 162 Abs. 2, 3 S. 2 FamFG.

§ 162 FamFG
Mitwirkung des Jugendamts

(1) Das Gericht hat in Verfahren, die die Person des Kindes betreffen, das Jugendamt anzuhören. Unterbleibt die Anhörung wegen Gefahr im Verzug, ist sie unverzüglich nachzuholen.

(2) In Verfahren nach den §§ 1666 und 1666a des Bürgerlichen Gesetzbuchs ist das Jugendamt zu beteiligen. Im Übrigen ist das Jugendamt auf seinen Antrag am Verfahren zu beteiligen.

(3) In Verfahren, die die Person des Kindes betreffen, ist das Jugendamt von Terminen zu benachrichtigen und ihm sind alle Entscheidungen des Gerichts bekannt zu machen. Gegen den Beschluss steht dem Jugendamt die Beschwerde zu

4.3

Besteht eine dringende Gefahr und kann eine Entscheidung des Familiengerichts nicht abgewartet werden, muss das Jugendamt das Kind oder den Jugendlichen in Obhut nehmen, § 8a Abs. 2 S. 2 i. V. m. § 42 Abs. 1 S. 1 Nr. 2 SGB VIII. Für die Beseitigung der Gefahr kommt es allein auf eine rechtzeitig mögliche Entscheidung des Familiengerichts an, nicht auf eine zügige Anrufung des Familiengerichts, sodass die Inobhutnahme grundsätzlich in Betracht zu ziehen ist, wenn erwartungsgemäß nicht mit einer (notwendigen) unverzüglichen Entscheidung gerechnet werden kann.

5. Abwendung der Gefährdung durch andere Institutionen

Zur Abwendung der Gefährdung können auch weitere Institutionen, Leistungsträger oder Einrichtungen notwendig sein/werden, § 8a Abs. 3 SGB VIII. Das Gesetz weist explizit auf Einrichtungen der Gesundheitshilfe (Krankenhäuser, Ärzte, Krankenversicherungen) oder die Polizei hin. In Betracht kommen hier auch Sozialhilfeträger oder andere Sozialleistungsträger. Entsprechend dem Erziehungsvorrang der Eltern ist es prinzipiell ihre Aufgabe, die fraglichen Leistungsträger bzw. Institutionen zur Gefahrenabwehr des Kindes/Jugendlichen zu kontaktieren, worauf das Jugendamt im Rahmen seines Schutzauftrags hinzuwirken hat. Gelingt es dem Jugendamt jedoch nicht, ein erforderliches Tätigwerden der Eltern zu initiieren, schaltet das Jugendamt die Leistungsträger oder Institutionen selbst ein, wenn ein sofortiges Handeln notwendig ist, § 8a Abs. 3

S. 2 SGB VIII. Die Einschaltung durch das Jugendamt ist bereits dann zulässig, wenn die Erziehungsberechtigten nicht rechtzeitig informiert werden können (Tillmanns ebd. RN 11). Verweigern die Erziehungsberechtigten ihre Mitwirkung oder lehnen sie notwendige Leistungen ab (und besteht kein sofortiger Handlungszwang), dürfte ein teilweiser Sorgerechtsentzug durch das Familiengericht in Betracht zu ziehen sein.

6. Wahrnehmung des Schutzauftrags durch Träger der freien Jugendhilfe

6.1

Wie bereits ausgeführt, richtet sich zwar das Leitziel der Jugendhilfe, Kinder und Jugendliche vor Gefahren für ihr Wohl zu schützen, § 1 Abs. 3 Nr. 4 SGB VIII, auch an die Träger der freien Jugendhilfe. Damit ist jedoch keine unmittelbare gesetzliche Verpflichtung zum zielgerechten Tätigwerden der freien Jugendhilfe verbunden (Bringewat ebd. RN 97), sodass die sachgerechte Wahrnehmung des Schutzauftrages durch Fachkräfte der freien Träger von Einrichtungen und Diensten – soweit sie Leistungen nach dem SGB VIII erbringen – durch Vereinbarungen sicherzustellen ist, § 8a Abs. 4 SGB VIII. Der Abschluss solcher Vereinbarungen (öffentlich-rechtliche Verträge gem. 78a ff. SGB VIII) mit den leistungserbringenden Einrichtungen und Diensten der Träger der freien Jugendhilfe ist vom Gesetz wiederum dem jeweils zuständigen Träger der öffentlichen Jugendhilfe auferlegt, § 8a Abs. 4 S. 1 SGB VIII.

6.2

Sofern Träger der freien Jugendhilfe die Aufgabe des Schutzauftrages durch entsprechende Vereinbarung in ihrem Tätigkeitsbereich übernehmen, § 8a Abs. 4 S. 1 SGB VIII, muss der freie Träger den Schutzauftrag nach den Maßstäben des § 8a Abs. 1 SGB VIII wahrnehmen können und hierzu über die erforderlichen Ressourcen und die notwendige Organisation verfügen (Tillmanns ebd. RN 13).

Der Inhalt der Sicherstellungsvereinbarung umfasst bestimmte zentrale Bestandteile: Hierzu gehört zunächst die Entwicklung eines Verfahrens zur Gefährdungseinschätzung bei gewichtigen Anhaltspunkten für eine Kindeswohlgefährdung. Dabei müssen sich die Fachkräfte der Einrichtungen und Dienste von einer „insoweit erfahrenen Fachkraft" beraten lassen und Erziehungsberechtigte sowie das Kind oder den Jugendlichen weitgehend in den Prozess einbeziehen, soweit dies einem wirksamen Kinder- und Jugendschutz nicht entgegensteht. Zudem verlangt der Gesetzgeber, dass im Rahmen der Vereinbarung ein Anforderungsprofil an die „insoweit erfahrene Fachkraft" festgelegt wird. Auch müssen sich die Träger der Einrichtungen und Dienste dazu verpflichten, auf die

Inanspruchnahme von Hilfen durch die Erziehungsberechtigten hinzuwirken, wenn diese unter fachlichen Gesichtspunkten erforderlich sind, und das Jugendamt schließlich informieren, wenn eine Kindeswohlgefährdung nicht anders abgewendet werden kann, § 8a Abs. 4 S. 1 u. 2 SGB VIII, (Kößler in: Schlegel/Voelzke, jurisPK-SGB VIII, § 8a RN 59).

6.3

Im Rahmen der Reform durch das KJSG (2021) wurde § 8a Abs. 4 S. 2 SGB VIII neu gefasst und mit der Änderung von Satz 2 dem Art. 16 der VN-Behindertenrechtskonvention Rechnung getragen. Hierdurch ist zu beachten, dass bei den im Vereinbarungswege zwischen öffentlichem und freien Träger zu regelnden Kriterien für die Qualifikation der beratend hinzuzuziehenden erfahrenen Fachkraft auch die spezifischen Schutzbedürfnisse von Kindern und Jugendlichen mit Behinderungen zum Tragen kommen müssen. „Es muss also künftig sichergestellt werden, dass freie Träger nicht nur eine auf ihren Aufgabenbereich abgestimmte, sondern auch an den besonderen Lebenskontexten von Kindern und Jugendlichen mit Behinderungen ausgerichtete spezifische und qualifizierte Beratung durch eine ‚insoweit erfahrene Fachkraft' erhalten" (BT-Drucks. 19/26107 S. 75).

6.4

Mit dem – ebenfalls durch die Reform (KJSG 2021) – neu eingefügten Abs. 5 stellt das Gesetz ferner klar, dass auch Kindertagespflegepersonen durch den Abschluss von Vereinbarungen mit dem Träger der öffentlichen Jugendhilfe in den Schutzauftrag bei Kindeswohlgefährdung einzubeziehen sind. Da der bisherige Gesetzeswortlaut Kindertagespflegepersonen nicht (explizit) erwähnte, hielt der Gesetzgeber eine entsprechende Änderung für geboten. Hierdurch wurde verdeutlicht, dass Kindertagespflegepersonen nicht nur nach dem Sinn und Zweck dieser Vorschrift zu den Adressaten der Regelung gehören, sondern der Schutzauftrag bei Kindeswohlgefährdung unmittelbar auch in der Kindertagespflege gilt und Kindertagespflegepersonen bei Anzeichen von Kinderwohlgefährdung das Verfahren des Jugendamtes zur Abschätzung des Gefährdungsrisikos einleiten müssen. Damit wurde das Erfordernis von Vereinbarungen für dieses Angebot der Kinder- und Jugendhilfe ebenfalls geregelt (BR-Drucks. 5/21 (Beschluss) S. 7 sowie BT-Drucks. 19/28870 S. 90). Auch in diesem Zusammenhang ist bei den Vereinbarungen den spezifischen Schutzbedürfnissen von Kindern und Jugendlichen mit Behinderungen Rechnung zu tragen.

6.5

Zum Anforderungsprofil einer „insoweit erfahrenen Fachkraft“ gehören Wissen und Praxiserfahrung in der Entwicklungspsychologie allgemein sowie insbesondere im Bereich Kindeswohlgefährdung (Kößler ebd. RN 63). Die Einschätzung des Gefährdungsrisikos hat fachkollegial und im Zusammenwirken mit einschätzungskompetenten Fachkräften zu erfolgen. Die Zusammensetzung des risikoeinschätzenden Fachkollegiums richtet sich nach den fachspezifischen Risikomodalitäten und danach, wie der (potenziellen) Kindeswohlgefährdung begegnet werden soll. Hieraus folgt, dass die gefährdungsrelevanten Umstände des Einzelfalls bestimmen, ob die Hinzuziehung (nur) einer Fachkraft ausreicht oder ob der Sachverhalt erfordert, mehrere (auch disziplinverschiedene) „insoweit erfahrenen Fachkräfte“ bei der Risikoeinschätzung hinzuzuziehen (Bringewat ebd. RN 104).

7. Zuständigkeitswechsel und Fallübergabe bei der Wahrnehmung des Schutzauftrags

7.1

Für die Wahrnehmung des Schutzauftrags bei Kindeswohlgefährdung sieht das Gesetz keine eigene örtliche Zuständigkeit vor, da grundsätzlich derjenige Träger der öffentlichen Jugendhilfe (gemeint ist das Jugendamt) zum Handeln verpflichtet ist, dem gewichtige Anhaltspunkte für eine Kindeswohlgefährdung bekannt werden. Wohnorts- bzw. Zuständigkeitswechsel dürfen nicht dazu führen, dass vorhandene Kenntnisse über die Gefährdungssituation eines Kindes/Jugendlichen verloren gehen und hierdurch ein rechtzeitiges Tätigwerden zu seinem Schutz verhindert wird. Das gleiche gilt auch für die Fälle, in denen einem örtlichen Träger (Jugendamt) Anhaltspunkte für die Gefährdung eines Kindes/Jugendlichen bekannt sind, der nicht für die Gewährung von Leistungen nach § 86 ff. SGB VIII zuständig ist. Insoweit verpflichtet § 8a Abs. 6 SGB VIII zur Übermittlung gewichtiger Anhaltspunkte für eine Kindeswohlgefährdung an das für die Gewährung von Leistungen örtlich zuständige Jugendamt (§ 86 ff. SGB VIII), da der erforderliche Kontakt mit der Familie nur in räumlicher Nähe zu ihr hergestellt werden kann (BT-Drucks. 17/6256 S. 21). Die Regelung bezieht sich also nicht nur auf Zuständigkeitswechsel (bei Jugendämtern) oder Wohnortwechsel bei Eltern/Kindern, sondern auch auf alle Fälle, in denen einem örtlichen Träger der Jugendhilfe – gemeint ist jeder örtliche Träger der Jugendhilfe – gewichtige Anhaltspunkte für die Gefährdung des Wohls eines Kindes oder Jugendlichen bekannt werden. Durch die Bestimmung wird verbindlich geregelt, dass dem für die Leistungsgewährung zuständigen örtlichen Träger (Jugendamt) die fraglichen Anhaltspunkte einer KWG mitzuteilen sind, damit dieser den Schutzauftrag nach § 8a SGB VIII wahrnehmen kann. Sofern daher einem Jugendamt gewichtige Anhaltspunkte für eine KWG bekannt werden, ist dieses (lediglich) für die Information des anderen Jugendamts (Leistungsjugendamt) zuständig, das dann die Einschätzung des Gefährdungsrisikos vornehmen muss Kunkel/Kepert in LPK-SGB VIII § 86 RN 5 m. w. N.).

7.2

Mitzuteilen sind sämtliche Daten, deren Kenntnis zur Wahrnehmung des Schutzauftrags erforderlich sind, § 8a Abs. 6 S. 1 SGB VIII. Bei der Kontaktaufnahme mit dem für die Leistungsgewährung zuständigen örtlichen Jugendamt sind die datenschutzrechtlichen Vorschriften zu beachten. Gewichtige Anhaltspunkte können sich aus Meldungen, Erkenntnissen im Zusammenhang mit der Gewährung oder Erbringung von Leistungen in der Vergangenheit oder einer abgebrochenen oder abgeschlossenen Gefährdungseinschätzung ergeben; die Befugnis zur Weiterleitung der Daten beruht deshalb auf unterschiedlichen Normen. So ist die Übermittlung der Daten gem. § 64 Abs. 1 SGB VIII grundsätzlich zulässig, wenn die Daten zur Wahrnehmung des Schutzauftrages erhoben und hierfür weitergegeben werden.

§ 64 SGB VIII

Datenübermittlung und -nutzung

(1) Sozialdaten dürfen zu dem Zweck übermittelt oder genutzt werden, zu dem sie erhoben worden sind.

(2) Eine Übermittlung für die Erfüllung von Aufgaben nach § 69 des Zehnten Buches ist abweichend von Absatz 1 nur zulässig, soweit dadurch der Erfolg einer zu gewährenden Leistung nicht in Frage gestellt wird.

(2a) Vor einer Übermittlung an eine Fachkraft, die nicht dem Verantwortlichen angehört, sind die Sozialdaten zu anonymisieren oder zu pseudonymisieren, soweit die Aufgabenerfüllung dies zulässt.

(2b) Abweichend von Absatz 1 dürfen Sozialdaten übermittelt und genutzt werden, soweit dies für die Durchführung bestimmter wissenschaftlicher Vorhaben zur Erforschung möglicher politisch motivierter Adoptionsvermittlung in der DDR erforderlich ist, ohne dass es einer Anonymisierung oder Pseudonymisierung bedarf. Die personenbezogenen Daten sind zu anonymisieren, sobald dies nach dem Forschungszweck möglich ist. Vom Adoptionsverfahren betroffene Personen dürfen nicht kontaktiert werden.

(3) Sozialdaten dürfen beim Träger der öffentlichen Jugendhilfe zum Zwecke der Planung im Sinne des § 80 gespeichert oder genutzt werden; sie sind unverzüglich zu anonymisieren.

(4) Erhält ein Träger der öffentlichen Jugendhilfe nach Maßgabe des § 4 Absatz 3 des Gesetzes zur Kooperation und Information im Kinderschutz Informationen und Daten, soll er gegenüber der meldenden Person ausschließlich mitteilen, ob sich die von ihr mitgeteilten

gewichtigen Anhaltspunkte für die Gefährdung des Wohls des Kindes oder Jugendlichen bestätigt haben und ob das Jugendamt zur Abwendung der Gefährdung tätig geworden ist und noch tätig ist.

Bei anvertrauten Daten folgt die Befugnis zur Datenübermittlung an das zuständige Jugendamt aus § 65 Abs. 1 Nr. 3 SGB VIII. Danach ist die Weitergabe zulässig, wenn Anhaltspunkte für eine Gefährdung des Kindeswohls gegeben sind und die Daten für eine Abschätzung des Gefährdungsrisikos notwendig sind.

§ 65 SGB VIII

Besonderer Vertrauensschutz in der persönlichen und erzieherischen Hilfe

(1) Sozialdaten, die dem Mitarbeiter eines Trägers der öffentlichen Jugendhilfe zum Zwecke persönlicher und erzieherischer Hilfe anvertraut worden sind, dürfen von diesem nur weitergegeben oder übermittelt werden

1. mit der Einwilligung dessen, der die Daten anvertraut hat, oder
2. dem Familiengericht zur Erfüllung der Aufgaben nach § 8a Absatz 2, wenn angesichts einer Gefährdung des Wohls eines Kindes oder eines Jugendlichen ohne diese Mitteilung eine für die Gewährung von Leistungen notwendige gerichtliche Entscheidung nicht ermöglicht werden könnte, oder
3. dem Mitarbeiter, der auf Grund eines Wechsels der Fallzuständigkeit im Jugendamt oder eines Wechsels der örtlichen Zuständigkeit für die Gewährung oder Erbringung der Leistung verantwortlich ist, wenn Anhaltspunkte für eine Gefährdung des Kindeswohls gegeben sind und die Daten für eine Abschätzung des Gefährdungsrisikos notwendig sind, oder
4. an die Fachkräfte, die zum Zwecke der Abschätzung des Gefährdungsrisikos nach § 8a hinzugezogen werden; § 64 Absatz 2a bleibt unberührt, oder
5. unter den Voraussetzungen, unter denen eine der in § 203 Absatz 1 oder 4 des Strafgesetzbuchs genannten Personen dazu befugt wäre, oder
6. wenn dies für die Durchführung bestimmter wissenschaftlicher Vorhaben zur Erforschung möglicher politisch motivierter Adoptionsvermittlung in der DDR erforderlich ist. Vom Adoptionsverfahren betroffene Personen dürfen nicht kontaktiert werden; § 64 Absatz 2b Satz 1 und 2 gilt entsprechend. Der Empfänger darf die Sozialdaten nur zu dem Zweck weitergeben oder übermitteln, zu dem er sie befugt erhalten hat.

(2) § 35 Absatz 3 des Ersten Buches gilt auch, soweit ein behördeninternes Weitergabeverbot nach Absatz 1 besteht.

Wurden die Daten von einer Person zugänglich gemacht, die der Schweigepflicht nach § 203 StGB unterliegt, müssen die Voraussetzungen nach § 76 Abs. 1 SGB X vorliegen. Der Träger der öffentlichen Jugendhilfe ist deshalb zur Weitergabe an den für die Leistungsgewährung zuständigen örtlichen Träger (Jugendamt) nur befugt, wenn die Voraussetzungen vorliegen, die für die rechtmäßige Übermittlung durch die der Schweigepflicht unterliegende Person maßgeblich waren.

Erfolgte eine Übermittlung nach § 4 Abs. 3 KKG, muss auch aus Sicht der Fachkraft das unmittelbare Tätigwerden eines anderen Trägers der öffentlichen Jugendhilfe erforderlich sein, um eine Gefährdungseinschätzung vorzunehmen oder eine Gefährdung des Wohls eines Kindes/Jugendlichen abzuwenden (BT-Drucks. 16/12429 S. 11).

§ 4 KKG
Beratung und Übermittlung von Informationen durch Geheimnisträger bei Kindeswohlgefährdung

(1) Werden

1. Ärztinnen oder Ärzten, Zahnärztinnen oder Zahnärzten Hebammen oder Entbindungspflegern oder Angehörigen eines anderen Heilberufes, der für die Berufsausübung oder die Führung der Berufsbezeichnung eine staatlich geregelte Ausbildung erfordert,
2. Berufspsychologinnen oder -psychologen mit staatlich anerkannter wissenschaftlicher Abschlussprüfung,
3. Ehe-, Familien-, Erziehungs- oder Jugendberaterinnen oder -beratern sowie
4. Beraterinnen oder Beratern für Suchtfragen in einer Beratungsstelle, die von einer Behörde oder Körperschaft, Anstalt oder Stiftung des öffentlichen Rechts anerkannt ist,
5. Mitgliedern oder Beauftragten einer anerkannten Beratungsstelle nach den §§ 3 und 8 des Schwangerschaftskonfliktgesetzes,
6. staatlich anerkannten Sozialarbeiterinnen oder -arbeitern oder staatlich anerkannten Sozialpädagoginnen oder -pädagogen oder
7. Lehrerinnen oder Lehrern an öffentlichen und an staatlich anerkannten privaten Schulen in Ausübung ihrer beruflichen Tätigkeit gewichtige Anhaltspunkte für die Gefährdung des Wohls eines Kindes oder eines Jugendlichen bekannt, so sollen sie mit dem Kind oder Jugendlichen und den Erziehungsberechtigten die Situation erörtern und, soweit erforderlich, bei den Erziehungsberechtigten auf die Inanspruchnahme von Hilfen hinwirken, soweit hierdurch der wirksame Schutz des Kindes oder des Jugendlichen nicht in Frage gestellt wird.

(2) Die Personen nach Absatz 1 haben zur Einschätzung der Kindeswohlgefährdung gegenüber dem Träger der öffentlichen Jugendhilfe Anspruch auf Beratung durch eine insoweit erfahrene Fachkraft. Sie sind zu diesem Zweck befugt, dieser Person die dafür erforderlichen Daten zu übermitteln; vor einer Übermittlung der Daten sind diese zu pseudonymisieren.

(3) Scheidet eine Abwendung der Gefährdung nach Absatz 1 aus oder ist ein Vorgehen nach Absatz 1 erfolglos und halten die in Absatz 1 genannten Personen ein Tätigwerden des Jugendamtes für erforderlich, um eine Gefährdung des Wohls eines Kindes oder eines Jugendlichen abzuwenden, so sind sie befugt, das Jugendamt zu informieren; hierauf sind die Betroffenen vorab hinzuweisen, es sei denn, dass damit der wirksame Schutz des Kindes oder des Jugendlichen in Frage gestellt wird. Zu diesem Zweck sind die Personen nach Satz 1 befugt, dem Jugendamt die erforderlichen Daten mitzuteilen. Die Sätze 1 und 2 gelten für die in Absatz 1 Nummer 1 genannten Personen mit der Maßgabe, dass

diese unverzüglich das Jugendamt informieren sollen, wenn nach deren Einschätzung eine dringende Gefahr für das Wohl des Kindes oder des Jugendlichen das Tätigwerden des Jugendamtes erfordert.

(4) Wird das Jugendamt von einer in Absatz 1 genannten Person informiert, soll es dieser Person zeitnah eine Rückmeldung geben, ob es die gewichtigen Anhaltspunkte für die Gefährdung des Wohls des Kindes oder Jugendlichen bestätigt sieht und ob es zum Schutz des Kindes oder Jugendlichen tätig geworden ist und noch tätig ist. Hierauf sind die Betroffenen vorab hinzuweisen, es sei denn, dass damit der wirksame Schutz des Kindes oder des Jugendlichen in Frage gestellt wird.

(5) Die Absätze 2 und 3 gelten entsprechend für Mitarbeiterinnen und Mitarbeiter von Zollbehörden.

(6) Zur praktischen Erprobung datenschutzrechtskonformer Umsetzungsformen und zur Evaluierung der Auswirkungen auf den Kinderschutz kann Landesrecht die Befugnis zu einem fallbezogenen interkollegialen Austausch von Ärztinnen und Ärzten regeln

§ 76 SGB X
Einschränkung der Übermittlungsbefugnis bei besonders schutzwürdigen Sozialdaten

(1) Die Übermittlung von Sozialdaten, die einer in § 35 des Ersten Buches genannten Stelle von einem Arzt oder einer Ärztin oder einer anderen in § 203 Absatz 1 und 4 des Strafgesetzbuches genannten Person zugänglich gemacht worden sind, ist nur unter den Voraussetzungen zulässig, unter denen diese Person selbst übermittlungsbefugt wäre.

(2) Absatz 1 gilt nicht

1. im Rahmen des § 69 Absatz 1 Nummer 1 und 2 für Sozialdaten, die im Zusammenhang mit einer Begutachtung wegen der Erbringung von Sozialleistungen oder wegen der Ausstellung einer Bescheinigung übermittelt worden sind, es sei denn, dass die betroffene Person der Übermittlung widerspricht; die betroffene Person ist von dem Verantwortlichen zu Beginn des Verwaltungsverfahrens in allgemeiner Form schriftlich oder elektronisch auf das Widerspruchsrecht hinzuweisen,

1a. im Rahmen der Geltendmachung und Durchsetzung sowie Abwehr eines Erstattungs- oder Ersatzanspruchs,

2. im Rahmen des § 69 Absatz 4 und 5 und des § 71 Absatz 1 Satz 3,

3. im Rahmen des § 94 Absatz 2 Satz 2 des Elften Buches.

(3) Ein Widerspruchsrecht besteht nicht in den Fällen des § 275 Absatz 1 bis 3 und 3b, des § 275c Absatz 1 und des § 275d Absatz 1 des Fünften Buches, soweit die Daten durch Personen nach Absatz 1 übermittelt werden.

Die Befugnis zur Weitergabe von Daten im Rahmen der Wahrnehmung des Schutzauftrages wegen Kindeswohlgefährdung liegt damit sowohl für Personen, die der Schweigepflicht unterliegen, als auch für die zuständigen Fachkräfte im Jugendamt, vor. Mitzuteilen sind nicht nur die gewichtigen Anhaltspunkte für eine Kindeswohlgefährdung, sondern die für die Hilfegewährung sowie den

Zuständigkeitswechsel maßgeblichen Sozialdaten, also alle Daten, Erkenntnisse, Informationen usw., die für die Gewährleistung von Schutz und Hilfe relevant sind (Bringewat ebd. § 8a RN 119). Im Hinblick auf die weitreichende Übermittlung von Sozialdaten ergibt sich die Befugnis i. Ü. aus § 64 Abs. 2 SGB VIII i. V. m. § 69 Abs. 1 Nr. 1 2. Alt. SGB X (Bringewat ebd. vor m. w. N.).

§ 69 SGB X

Übermittlung für die Erfüllung sozialer Aufgaben

(1) Eine Übermittlung von Sozialdaten ist zulässig, soweit sie erforderlich ist

1. für die Erfüllung der Zwecke, für die sie erhoben worden sind, oder für die Erfüllung einer gesetzlichen Aufgabe der übermittelnden Stelle nach diesem Gesetzbuch oder einer solchen Aufgabe des Dritten, an den die Daten übermittelt werden, wenn er eine in § 35 des Ersten Buches genannte Stelle ist,
2. für die Durchführung eines mit der Erfüllung einer Aufgabe nach Nummer 1 zusammenhängenden gerichtlichen Verfahrens einschließlich eines Strafverfahrens oder
3. für die Richtigstellung unwahrer Tatsachenbehauptungen der betroffenen Person im Zusammenhang mit einem Verfahren über die Erbringung von Sozialleistungen; die Übermittlung bedarf der vorherigen Genehmigung durch die zuständige oberste Bundes- oder Landesbehörde.

...

7.3

Die maßgebliche Mitteilung soll im Rahmen eines Gespräches zwischen den Fachkräften der beiden örtlichen Träger erfolgen (sog. Übergabegespräch), § 8a Abs. 6 S. 2 SGB VIII. Durch die persönliche Information soll wiederum verhindert werden, dass – wie bei einer schriftlichen Übermittlung eher möglich – Informationen verloren gehen bzw. ggf. bestehende Missverständnisse bei der Einschätzung der Informationen unaufgeklärt bleiben. Das Gespräch hat zeitnah zu erfolgen und ist grundsätzlich zwischen der bisher und der zukünftig fallzuständigen Fachkraft zu führen (BT-Drucks. 17/6256 S. 21).

Auch bei diesem Gespräch ist die Beteiligung des Personensorgeberechtigten und des Kindes und des Jugendlichen vorgesehen, es sei denn, dass hierdurch der wirksame Schutz des Kindes oder des Jugendlichen in Frage gestellt wird. Die regelhafte Einbeziehung der personensorgeberechtigten Eltern (Erziehungsberechtigten) trägt dafür Sorge, dass Eltern (Erziehungsberechtigte) über die Anhaltspunkte für die Kindeswohlgefährdung informiert und von Anfang an in den weiteren Prozess der Gefährdungseinschätzung einbezogen werden (ebd.).

II. Inobhutnahme von Kindern und Jugendlichen, § 42 SGB VIII, und Vorläufige Inobhutnahme von ausländischen Kindern und Jugendlichen nach unbegleiteter Einreise, §§ 42a ff. SGB VIII (Überblick)

1. Einleitung und Überblick

Die in § 42 SGB VIII geregelte Inobhutnahme ist eine vorläufige Maßnahme zum Schutz von Kindern und Jugendlichen im Krisen- und Gefahrenfall. Die Bestimmung hat in der praktischen Arbeit der Jugendämter eine außerordentlich hohe Bedeutung. Als einzige eingriffsrechtlich orientierte Aufgabe des Jugendamts setzt die Inobhutnahme mit Rücksicht auf die tatsächlichen und rechtlichen Folgen in besonderem Maße grundlegende Kenntnisse über die Voraussetzungen dieser Krisenintervention und die nachfolgenden Handlungsaufgaben und -pflichten voraus.

§ 42 SGB VIII enthält die Voraussetzungen, Befugnisse, Aufgaben und Rechtsfolgen der Inobhutnahme. Die Vorschrift befasst sich inhaltlich mit der sozialpädagogischen Intervention des Jugendamts im Krisen- und Gefahrenfall für Kinder und Jugendliche.

Die Inobhutnahme hat erhebliche praktische Bedeutung: Im Jahr 2020 erfolgten insgesamt 45 444 Inobhutnahmen, die sich altersmäßig wie folgt verteilten: unter 3 Jahre – 5 108, 3 bis 9 Jahre – 6 217, 9 bis 14 Jahre – 9 490, 14 bis 16 Jahre – 10 965, 16 bis 18 Jahre – 13 664. In 7 557 Fällen erfolgte die Inobhutnahme auf eigenen Wunsch (Selbstmelder). 30 324 Inobhutnahmen erfolgten wegen dringender Kindeswohlgefährdung, wobei in 13 474 Fällen der Inobhutnahme ein Verfahren zur Einschätzung der Gefährdung des Kindeswohls gem. § 8a Abs. 1 SGB VIII vorausgegangen war. 7 563 Inobhutnahmen erfolgten aufgrund unbegleiteter Einreise aus dem Ausland. (Quelle: Pressemitteilung des Statistischen Bundesamtes „Inobhutnahmen für Kinder und Jugendliche nach persönlichen Merkmalen“ für das Jahr 2020 vom 21. Juli 2021).

Mit der sog. „Vorläufigen Inobhutnahme“, §§ 42a ff. SGB VIII, die der (zuvor genannten) Inobhutnahme nach § 42 SGB VIII unter bestimmten Kriterien „vorgeschaltet“ ist, wurde ein Instrumentarium geschaffen, mit dem die ab 2015 enorm angestiegenen Inobhutnahmen minderjähriger Flüchtlinge durch bundesweite Verteilung kindeswohlgerecht bewerkstelligt bzw. ermöglicht werden sollten und konnten.

Die gesetzlichen Regelungen der Vorläufigen Inobhutnahme unbegleitet einreisender minderjähriger Flüchtlinge (§§ 42a ff. SGB VIII) werden am Ende dieses Kapitels gesondert erörtert, vgl. Kap. II. 15.

2. Anlass der Inobhutnahme und Voraussetzungen

In § 42 Abs. 1 S. 1 Nr. 1 bis 3 SGB VIII werden die verschiedenen Anlässe der Inobhutnahme beschrieben, und zwar

- gem. Nr. 1 die Inobhutnahme des Kindes oder Jugendlichen auf eigenen Wunsch, sog. Selbstmeldung,
- gem. Nr. 2, wenn eine dringende Gefahr für das Wohl des Kindes oder des Jugendlichen die Inobhutnahme erfordert und die Personensorgeberechtigten der Inobhutnahme nicht widersprechen oder eine familiengerichtliche Entscheidung nicht rechtzeitig eingeholt werden kann und
- gem. Nr. 3 für einen ausländischen Minderjährigen, der unbegleitet nach Deutschland kommt und sich weder Personensorgeberechtigte noch Erziehungsberichtigte im Inland aufhalten.

§ 42 SGB VIII

Inobhutnahme von Kindern und Jugendlichen

(1) Das Jugendamt ist berechtigt und verpflichtet, ein Kind oder einen Jugendlichen in seine Obhut zu nehmen, wenn

1. das Kind oder der Jugendliche um Obhut bittet oder
2. eine dringende Gefahr für das Wohl des Kindes oder des Jugendlichen die Inobhutnahme erfordert und
   a) die Personensorgeberechtigten nicht widersprechen oder
   b) eine familiengerichtliche Entscheidung nicht rechtzeitig eingeholt werden kann oder
3. ein ausländisches Kind oder ein ausländischer Jugendlicher unbegleitet nach Deutschland kommt und sich weder Personensorge- noch Erziehungsberechtigte im Inland aufhalten.

Die Inobhutnahme umfasst die Befugnis, ein Kind oder einen Jugendlichen bei einer geeigneten Person, in einer geeigneten Einrichtung oder in einer sonstigen Wohnform vorläufig unterzubringen; im Fall von Satz 1 Nummer 2 auch ein Kind oder einen Jugendlichen von einer anderen Person wegzunehmen.

(2) Das Jugendamt hat während der Inobhutnahme unverzüglich das Kind oder den Jugendlichen umfassend und in einer verständlichen, nachvollziehbaren und wahrnehmbaren Form über diese Maßnahme aufzuklären, die Situation, die zur Inobhutnahme geführt hat, zusammen mit dem Kind oder dem Jugendlichen zu klären und Möglichkeiten der Hilfe und Unterstützung aufzuzeigen. Dem Kind oder dem Jugendlichen ist unverzüglich Gelegenheit zu geben, eine Person seines Vertrauens zu benachrichtigen. Das Jugendamt

hat während der Inobhutnahme für das Wohl des Kindes oder des Jugendlichen zu sorgen und dabei den notwendigen Unterhalt und die Krankenhilfe sicherzustellen; § 39 Absatz 4 Satz 2 gilt entsprechend. Das Jugendamt ist während der Inobhutnahme berechtigt, alle Rechtshandlungen vorzunehmen, die zum Wohl des Kindes oder Jugendlichen notwendig sind; der mutmaßliche Wille der Personensorge- oder der Erziehungsberechtigten ist dabei angemessen zu berücksichtigen. Im Fall des Absatzes 1 Satz 1 Nummer 3 gehört zu den Rechtshandlungen nach Satz 4, zu denen das Jugendamt verpflichtet ist, insbesondere die unverzügliche Stellung eines Asylantrags für das Kind oder den Jugendlichen in Fällen, in denen Tatsachen die Annahme rechtfertigen, dass das Kind oder der Jugendliche internationalen Schutz im Sinne des § 1 Absatz 1 Nummer 2 des Asylgesetzes benötigt; dabei ist das Kind oder der Jugendliche zu beteiligen.

(3) Das Jugendamt hat im Fall des Absatzes 1 Satz 1 Nummer 1 und 2 die Personensorge- oder Erziehungsberechtigten unverzüglich von der Inobhutnahme zu unterrichten, sie in einer verständlichen, nachvollziehbaren und wahrnehmbaren Form umfassend über diese Maßnahme aufzuklären und mit ihnen das Gefährdungsrisiko abzuschätzen. Widersprechen die Personensorge- oder Erziehungsberechtigten der Inobhutnahme, so hat das Jugendamt unverzüglich

1. das Kind oder den Jugendlichen den Personensorge- oder Erziehungsberechtigten zu übergeben, sofern nach der Einschätzung des Jugendamts eine Gefährdung des Kindeswohls nicht besteht oder die Personensorge- oder Erziehungsberechtigten bereit und in der Lage sind, die Gefährdung abzuwenden oder
2. eine Entscheidung des Familiengerichts über die erforderlichen Maßnahmen zum Wohl des Kindes oder des Jugendlichen herbeizuführen.

Sind die Personensorge- oder Erziehungsberechtigten nicht erreichbar, so gilt Satz 2 Nummer 2 entsprechend. Im Fall des Absatzes 1 Satz 1 Nummer 3 ist unverzüglich die Bestellung eines Vormunds oder Pflegers zu veranlassen. Widersprechen die Personensorgeberechtigten der Inobhutnahme nicht, so ist unverzüglich ein Hilfeplanverfahren zur Gewährung einer Hilfe einzuleiten.

(4) Die Inobhutnahme endet mit

1. der Übergabe des Kindes oder Jugendlichen an die Personensorge- oder Erziehungsberechtigten,
2. der Entscheidung über die Gewährung von Hilfen nach dem Sozialgesetzbuch.

(5) Freiheitsentziehende Maßnahmen im Rahmen der Inobhutnahme sind nur zulässig, wenn und soweit sie erforderlich sind, um eine Gefahr für Leib oder Leben des Kindes oder des Jugendlichen oder eine Gefahr für Leib oder Leben Dritter abzuwenden. Die Freiheitsentziehung ist ohne gerichtliche Entscheidung spätestens mit Ablauf des Tages nach ihrem Beginn zu beenden.

(6) Ist bei der Inobhutnahme die Anwendung unmittelbaren Zwangs erforderlich, so sind die dazu befugten Stellen hinzuzuziehen.

2.1

Zur Inobhutnahme eines Minderjährigen ist das Jugendamt gem. §42 Abs. 1 S. 1 Nr. 1 SGB VIII verpflichtet, „wenn das Kind oder der Jugendliche um Obhut bittet“ (sog. Selbstmelder).

Aus dem Gesetz ergeben sich keine weiteren Voraussetzungen für die Bitte des Kindes oder Jugendlichen. Die Gesetzesbegründung geht jedoch davon aus, dass die Bitte um Hilfe „aus einer Notlage heraus“ erfolgt (BT-Drucks. 11/5948, 80), womit ein „subjektiver Hilfebedarf“ des Kindes/Jugendlichen unterstellt wird.

An die Bitte bzw. den Wunsch des Kindes oder Jugendlichen um Inobhutnahme sind allerdings keine hohen Anforderungen zu stellen. Die Bitte muss ernst gemeint sein, freiwillig erfolgen und darf nicht (offensichtlich) rechtsmissbräuchlich sein; darüber hinaus genügt es, wenn die Bitte mündlich geäußert wird oder auch konkludent erfolgt – und gleichgültig, ob in den Räumen des Jugendamtes oder „überall gegenüber einem Mitarbeiter des Jugendamtes“ (OVG für das Land NRW, Beschluss v. 07.02.2022 – 12 A 1402/18 –, juris RN 91, 93). Entscheidend ist der natürliche Wille des Minderjährigen. Weiter führt das OVG aus: „Das in einer solchen Bitte zum Ausdruck kommende subjektive Schutzbedürfnis bzw. der damit vermittelte subjektive Hilfebedarf löst die Pflicht der Behörde zum Handeln aus und begründet zugleich das Recht der Behörde zur Inobhutnahme. Bereits dieses subjektive Schutzbedürfnis des Kindes bzw. Jugendlichen reicht für die Inobhutnahme aus, da es ein Indiz für eine Konfliktlage ist. Die Bitte des Kindes oder Jugendlichen allein ist – u. a. angesichts der grundsätzlich bestehenden Hemmschwelle, Kontakt zum Jugendamt aufzunehmen – schon ein Indiz für eine Not- und Konfliktlage. Einer Begründung der Bitte durch das Kind oder den Jugendlichen oder einer – über die Ernsthaftigkeit und Freiwilligkeit hinausgehenden – Vorprüfung der Situation durch das Jugendamt bedarf es nicht, unabhängig davon, ob eine Begründung des Jugendlichen überzeugend ist. Nur so kann das mit der Regelung verfolgte Ziel, einen effektiven und unkomplizierten Schutz des Kindes oder Jugendlichen in Konfliktsituationen zu gewährleisten, erreicht werden“ (ebd. RN 95; Kepert in LPK-SGB VIII RN 20, 21).

2.2

§42 Abs. 1 S. 1 Nr. 2 SGB VIII regelt den Fall, dass eine dringende Gefahr für das Wohl des Kindes/Jugendlichen die Inobhutnahme erfordert. Diese Fallgestaltung der Inobhutnahme setzt jedoch voraus, dass

a) die Personensorgeberechtigten nicht widersprechen oder
b) eine familiengerichtliche Entscheidung nicht rechtzeitig eingeholt werden kann.

2.2.1

Die Verknüpfung der Voraussetzung einer „dingenden Gefahr“ mit der Widerspruchsbefugnis der Personensorgeberechtigten (a) oder dem familiengerichtlichen Entscheidungsvorbehalt (b) erschwert das Verständnis der Vorschrift und eine Einschätzung der Handlungsberechtigung im Krisenfall. Soweit sich § 42 Abs. 3 S. 2 SGB VIII ebenfalls mit dem Widerspruch der Personensorgeberechtigten befasst, betrifft dies den Widerspruch gegen die (erfolgte) Inobhutnahme und die Pflicht des Jugendamts „eine Entscheidung des Familiengerichts über die erforderlichen Maßnahmen zum Wohl des Kindes oder Jugendlichen herbeizuführen“. Diese Fallgestaltung ist gegeben, wenn die Personensorgeberechtigten die Inobhutnahme entweder (schweigend) geduldet haben und/oder sich später zu einem Widerspruch entschließen, oder sie nicht erreichbar waren und im Nachhinein von der Inobhutnahme Kenntnis erlangten.

2.2.2

Eine Gefährdung des Kindeswohls ist dann zu bejahen, wenn eine Gefahr für das körperliche, geistige oder seelische Wohl des Kindes gegeben ist, § 1666 Abs. 1 S. 1 BGB. Ganz unstrittig wird deshalb eine Kindeswohlgefährdung i. S. d. § 1666 BGB dann angenommen, wenn „eine gegenwärtige, in solchem Maße vorhandene Gefahr“ besteht, dass „sich bei der weiteren Entwicklung der Dinge eine erhebliche Schädigung des geistigen und seelischen Wohls des Kindes mit ziemlicher Sicherheit voraussagen“ lässt (vgl. z. B. Grüneberg/Götz § 1666 RN 8 m. w. N., BGH NJW 1956, 1434 sowie BVerfG, Beschluss v. 13.07.2017 – 1 BvR 1202/17 –, juris RN 16 m. w. N.).

Nach dem Wortlaut des § 42 Abs. 1 S. 1 Nr. 2 SGB VIII muss eine „dringende“ Gefahr vorliegen, weshalb eine gesteigerte Gefährdungssituation vorauszusetzen ist. Die Gesetzesbegründung im Zusammenhang mit der grundlegenden Neufassung der Bestimmung (§ 42 SGB VIII) durch das Kinder- und Jugendhilfeweiterentwicklungsgesetz (KICK 2005) verweist als Handlungsvoraussetzung zur Inobhutnahme darauf, dass immer dann im Interesse des Kindes eingegriffen werden muss, „wenn die Schwelle einer Kindeswohlgefährdung im Sinne des § 1666 BGB überschritten ist und die Abwendung der Gefährdung darüber hinaus dringend ist“ (BT-Drucks. 15/5616, S. 26). In der Literatur ist im Falle der Inobhutnahme wegen dringender Gefahr von einem „Ausnahmefall des ‚ersten Zugriffs‘ für besondere Eilsituationen“ die Rede, „mit der dem Jugendamt lediglich eine Möglichkeit zur Verfügung steht, bei Gefährdungen für das Kind oder den Jugendlichen schnell reagieren zu können, wenn ein Tätigwerden zur Abwendung der Gefahr keinen weiteren Aufschub duldet“ (vgl. Trenczek, Inobhutnahme, S. 201).

Nach Auffassung des OVG NRW ist „eine Gefahr im jugendhilferechtlichen Sinn – wie im allgemeinen Gefahrenabwehrrecht – dann anzunehmen, wenn im Zeitpunkt der behördlichen Entscheidung im Rahmen der prognostischen ex-ante-Betrachtung bei ungehindertem Ablauf des zu erwartenden Geschehens der Eintritt des Schadens hinreichend wahrscheinlich ist. Die hinreichende Wahrscheinlichkeit verlangt einerseits nicht Gewissheit, dass der Schaden eintreten wird. Andererseits genügt die bloße Möglichkeit eines Schadenseintritts grundsätzlich nicht zur Annahme einer Gefahr. Dabei ist allerdings zu beachten, dass hinsichtlich des Grades der Wahrscheinlichkeit insbesondere mit Blick auf das betroffene Schutzgut differenziert werden muss: Je größer und folgenschwerer der möglicherweise eintretende Schaden ist, umso geringer sind die Anforderungen, die an die Wahrscheinlichkeit zu stellen sind. Wo es um den Schutz besonders hochwertiger Schutzgüter geht, kann deshalb auch schon eine entfernte Möglichkeit eines Schadens die begründete Befürchtung seines Eintritts auslösen. Von Letzterem ist im Jugendhilferecht regelmäßig auszugehen. Eine Gefahr für das Kindeswohl liegt vor, wenn eine Gefahr für die Kindesentwicklung abzusehen ist, die bei ihrer Fortdauer eine erhebliche Schädigung des körperlichen, geistigen oder seelischen Wohls des Kindes mit ziemlicher Sicherheit voraussehen lässt; typische Anwendungsfälle sind Kindesmisshandlung, sexuelle Gewalt und Vernachlässigung. Der Umstand, dass die Inobhutnahme nach § 42 Abs. 1 Satz 1 Nr. 2 SGB VIII das Vorliegen einer ‚dringenden' Gefahr voraussetzt, begründet für den anzuwendenden Gefahrenbegriff keine wesentlichen inhaltlichen Änderungen. Eine ‚dringende Gefahr' besteht zwar nicht schon bei einer ‚bevorstehenden' oder ‚drohenden' Gefahr, aber auch nicht erst bei einer ‚unmittelbar bevorstehenden Gefahr'. Eine dringende Gefahr im Sinne der genannten Bestimmung muss indes – angesichts des mit der Inobhutnahme bewirkten schwerwiegenden Eingriffs in das Elternrecht – stets eine konkrete Gefahr sein" (OVG NRW, Beschluss v. 07.02.2022 – 12 A 1402/18 –, juris RN 110, 112, 114, 116). Unangemessene Erziehungsmethoden wie die Drohung mit einer Heimunterbringung, hohe bzw. überfordernde Leistungserwartungen u. a.(...), fortgesetztes höchst konfliktträchtiges Verhalten eines Elternteils im Kontakt mit Institutionen, Behörden, Lehrern, Sozialarbeitern, Erziehern oder auch mit Eltern anderer Kinder, (...), die auf Dauer erhebliche negative Auswirkungen für das Kindeswohl bedeuten, zählt das OVG NRW hingegen ausdrücklich nicht zu einer die „Akutmaßnahme" der Inobhutnahme rechtfertigenden dringenden Gefährdungslage (ebd. RN 124).

Unter Würdigung der gesamten Regelung wie auch des gesetzgeberischen Anliegens dürfte sowohl die Bedeutung des Rechtsgutes (Kindeswohl) als auch die Dringlichkeit des Handelns maßgeblich sein, sodass eine Inobhutnahme wegen „dringender Gefahr" nur bei besonderer Eilbedürftigkeit, akutem Handlungszwang und zwingend notwendiger Gefahrenabwehr in Betracht kommen kann.

2.2.3

Die Inobhutnahme muss darüber hinaus als Maßnahme zur Abwendung der Gefährdung erforderlich sein, weshalb zusätzlich zu prüfen ist, ob die Inobhutnahme „notwendig" ist, um der Gefahrenlage adäquat zu begegnen. So erübrigt sich die Inobhutnahme z. B., wenn das Kind dem elterlichen Haushalt wieder zugeführt werden kann, aus dem es zuvor ohne Kenntnis der Eltern entwichen war. Auch bedarf es z. B. keiner Inobhutnahme bei einer akuten Konfliktsituation, wenn der glaubhafte Eindruck besteht, dass die Eltern selbst zur Beseitigung der konkreten Gefahr bereit und in der Lage sind.

2.2.4

Weiterhin sind gem. § 42 Abs. 1 S. 1 Nr. 2 a) SGB VIII die Personensorgeberechtigten aufgrund ihrer elterlichen Erziehungsverantwortung dadurch und insoweit einzubeziehen, als abzuklären ist, ob sie der (beabsichtigten) Inobhutnahme widersprechen. Dabei ist allerdings in diesem Entscheidungsstadium wiederum zu beachten, dass eine Inobhutnahme in rechtlicher und tatsächlicher Hinsicht erst dann vorliegt, wenn eine Entscheidung über die Unterbringung getroffen wurde, weil nicht schon der erste Kontakt mit dem Kind oder Jugendlichen oder dessen Zuführung durch die Polizei eine Inobhutnahme beginnen lässt (vgl. Trenczek in FK-SGB VIII, § 42 RN 7). Die Entscheidung über die Inobhutnahme ist ein den Beteiligten bekanntzugebender Verwaltungsakt, der wegen der Eilbedürftigkeit des Handelns zunächst in mündlicher Form oder sogar durch faktisches Handeln (Herausnahme und Unterbringung) ergeht, was allerdings anschließend der schriftlichen Bestätigung bedarf (Trenczek ebd. RN 61 ff.).

Widersprechen die Personensorgeberechtigten der (beabsichtigten) Inobhutnahme, muss das Jugendamt darüber hinaus zunächst prüfen, ob die dringende Gefahr durch eine rechtzeitige Entscheidung des Familiengerichts (nicht allein: rechtzeitige Anrufung!) abgewendet werden kann, § 42 Abs. 1 S. 1 Nr. 2. b) SGB VIII. Im Gegensatz zur tatsächlichen Maßnahme der Inobhutnahme – um den akuten Schadenseintritt zu verhindern – könnte das Familiengericht (nach eigenständiger Prüfung und Bewertung der „dringenden Gefahr") den Eltern im Rahmen einer einstweiligen Anordnung als erforderliche Maßnahme gem. § 1666 Abs. 3 Nr. 1–6 BGB z. B. konkrete Weisungen erteilen oder gar die Personensorge (teilweise oder ganz) entziehen und diese auf das Jugendamt übertragen, sodass das Jugendamt – nunmehr als Personensorgeberechtigter – zur Gefahrenabwehr tätig werden kann. Das Gericht entscheidet also nicht selbst über eine Inobhutnahme oder darüber, „ob das Jugendamt zu einer Inobhutnahme berechtigt" ist, sondern allein darüber, (nach notwendiger Prüfung des Sachverhalts) ob bzw. welche erforderliche Maßnahme gem. § 1666 BGB zur Gefahrenabwehr geboten ist, weil die Personensorgeberechtigten nicht „gewillt oder in der Lage" sind, die Gefahren für ihr Kind selbst abzuwenden. Diese Regelung ist auf dem

Hintergrund zu verstehen, dass sorgerechtliche Eingriffe nach dem Gesetz dem Gericht vorbehalten sind, andererseits eine akute Gefahrenlage für das Kind oder den Jugendlichen mit einer vorläufigen (tatsächlichen) Schutzmaßnahme durch das Jugendamt beseitigt werden kann.

2.2.5

Dass eine „Inobhutnahme nur dann gestattet ist, wenn eine familiengerichtliche Entscheidung nicht rechtzeitig eingeholt werden kann, verdeutlicht zum einen den nur vorübergehenden Charakter dieser Maßnahme und zum anderen deren Nachrangigkeit gegenüber familiengerichtlichen Entscheidungen. Der Schutz des Kindes darf ein Abwarten der Entscheidung des Familiengerichts nicht erlauben. Demgemäß ist nicht entscheidend, ob das Familiengericht vor der Inobhutnahme noch hätte angerufen werden können, sondern ob eine familiengerichtliche Entscheidung, und sei es eine einstweilige Anordnung, noch rechtzeitig hätte erwirkt werden können, um der Kindeswohlgefährdung zu begegnen" (OVG NRW ebd. RN 129, 130).

Das OVG NRW weiter: „Da Familiengerichte über einen gerichtlichen Bereitschaftsdienst verfügen und zudem die Möglichkeit einer Eilentscheidung haben, deren Erlass sie gemäß § 157 Abs. 3 FamFG in Verfahren nach §§ 1666, 1666a BGB unverzüglich zu prüfen haben, kommt eine Inobhutnahme ohne Einholung einer familiengerichtlichen Entscheidung grundsätzlich nur in besonders gelagerten akuten Gefährdungssituationen in Betracht. Vor der Inobhutnahme muss deshalb grundsätzlich jedenfalls versucht werden, eine Entscheidung des Familiengerichts einzuholen" (ebd. 132, 134 m. w. N.). Schließlich führt das OVG NRW aus: „Soweit die Anordnung sorgerechtlicher Maßnahmen durch das Familiengericht eine Sachverhaltsermittlung und -prüfung voraussetzt, die in der Regel auch eine nicht sofort zu leistende Anhörung der Kinder (§ 159 Abs. 1 FamFG), der Eltern (§ 160 Abs. 1 FamFG) und des Jugendamtes (§ 162 Abs. 1 FamFG) erfordert, folgt daraus nichts grundsätzlich Abweichendes. Denn das Familiengericht kann die einstweilige Anordnung, insbesondere bei einem dringenden Bedürfnis nach sofortigem Einschreiten bei einer Gefahrenlage für das Kind auch ohne Durchführung des Erörterungstermins und – etwa bei Gefahr im Verzug (vgl. §§ 159 Abs. 3 Satz 2, 160 Abs. 4, 162 Abs. 1 Satz 2 FamFG) – insbesondere auch ohne vorherige Anhörung erlassen. Ob allerdings nur dann auch von dem Versuch, vor einer etwaigen eigenen Maßnahme eine Entscheidung des Familiengerichts einzuholen, abgesehen werden kann, wenn die Gefahr für das Kindeswohl so dringend ist, dass selbst die Kontaktaufnahme mit dem Familiengericht und die Klärung, bis wann mit einer Entscheidung zur rechnen ist, so lange dauert, dass die Gefahr nicht mehr rechtzeitig abgewendet werden könnte, oder ob möglicherweise auch in Gefährdungslagen, in denen innerhalb weniger Stunden ein Handeln des Jugendamts gefordert ist, davon abgewichen werden kann, bedarf hier keiner abschließenden Klärung" (ebd. RN 136–142).

Im Hinblick auf den in § 42 Abs. 1 S. 1 Nr. 2 b) SGB VIII festgelegten Vorrang familiengerichtlicher Entscheidungen vor einer Inobhutnahme hat das OVG Schleswig-Holstein ausgeführt, dass das Jugendamt vor einer Inobhutnahme grundsätzlich zu versuchen habe, eine Entscheidung des Familiengerichts zu erwirken und dass dieser Vorrang „weder zur Disposition des Jugendamtes noch des Familiengerichts (steht), das das Jugendamt insbesondere nicht – erst recht nicht regelhaft – auf die Möglichkeit der Inobhutnahme statt einer eigenen Eilentscheidung verweisen darf" (OVG Schleswig-Holstein, Beschluss v. 25.09.2023 – 3 LB 7/23 –, juris RN 67, 69).

Weiterhin weist das Gericht in diesem Zusammenhang darauf hin, dass „jeder Verwaltungsträger in seinem eigenen Zuständigkeitsbereich sicherzustellen (hat), dass das Verwaltungshandeln Prinzipien wie das der Gesetzmäßigkeit der Verwaltung und auch der Gewaltenteilung wahrt. Die Beklagte (das Jugendamt, der Verf.) wäre vor dem Hintergrund des eindeutigen Gesetzeswortlauts von § 42 Abs. 1 Satz 1 Nr. 2 b) SGB VIII angehalten gewesen, trotz der ablehnenden Haltung des Familiengerichts jedenfalls zu versuchen, gleichwohl eine Entscheidung zu erhalten, also zumindest Kontakt aufzunehmen und entsprechende Bemühungen um eine Entscheidung sowie etwaige Rückäußerungen des Gerichts aktenkundig zu machen. Bloße Vermutungen, dass das Gericht gerade nicht erreichbar sei oder eine Entscheidung innerhalb der zur Verfügung stehenden Zeit (oder überhaupt) nicht treffen werde, genügen aber (…) grundsätzlich nicht" (ebd. RN 70 m. w. N.).

2.2.6

Die Inobhutnahme wegen dringender Gefahr erfolgt von Amts wegen. Dabei wird das Jugendamt sowohl auf Grund eigener Initiative, als auch insbesondere auf Grund einer sog. „Zuführung" des Kindes/Jugendlichen durch die Polizei bzw. durch Dritte (vgl. BT-Drucks. 11/5948, 80) tätig. Häufig erhalten die Jugendämter Hinweise auf Gefahrenumstände z. B. von Lehrern, Nachbarn oder Verwandten und prüfen, ob und inwieweit eine Inobhutnahme notwendig ist. Wie bereits erwähnt, erfordert insbesondere die Inobhutnahme wegen dringender Gefahr für das Wohl des Kindes/Jugendlichen aufgrund der Komplexität der Prüfung und der eilbedürftigen Einschätzung der Notsituation ausgesprochen hohe fachliche sozialpädagogische bzw. sozialarbeiterische Kompetenzen.

2.2.7

Zusammengefasst sind damit bei der Inobhutnahme wegen dringender Gefahr folgende Fallkonstellationen hinsichtlich der Willenslage des/der Personensorgeberechtigten zu unterscheiden:

- Widersprechen die Personensorgeberechtigten der (beabsichtigten) Inobhutnahme nicht, wird die Inobhutnahme zur Beseitigung der dringenden Gefahr für das Wohl des Kindes/Jugendlichen durchgeführt.
- Widersprechen die Personensorgeberechtigten und sind sie zudem „bereit und in der Lage", die Kindeswohlgefährdung definitiv abzuwenden, scheidet eine Inobhutnahme aus, vgl. § 42 Abs. 1 S. 1 Nr. 2 a) SGB VIII i. V. m. § 8a Abs. 1 SGB VIII.
- Widersprechen die Personensorgeberechtigten und sind sie nicht bereit oder nicht in der Lage, die Gefährdung abzuwenden, muss das Jugendamt vor der Inobhutnahme zusätzlich prüfen, ob eine familiengerichtliche Entscheidung rechtzeitig (zur Abwendung der „dringenden Gefahr") eingeholt werden kann. Ist eine rechtzeitige Entscheidung des Familiengerichts (also eine Entscheidung vor dem erwarteten Schadenseintritt) nicht sicher zu erwarten, muss das Jugendamt die Inobhutnahme – trotz Widerspruchs der Personensorgeberechtigten – durchführen, § 42 Abs. 1 S. 1 Nr. 2 b) SGB VIII i. V. m. § 8a Abs. 2 SGB VIII.
- Schweigen die Personensorgeberechtigten zur Inobhutnahme oder dulden sie die Inobhutnahme (stillschweigend), stellt sich die Frage, ob damit deren Durchführung (also ohne vorherige Anrufung des Familiengerichts) gesetzlich erlaubt ist: Dies ist zu bejahen (so auch Kepert in LPK-SGB VIII § 42 RN 31), da die Inobhutnahme grundsätzlich nur bei einer dringenden Gefahr für das Wohl des Kindes oder Jugendlichen erfolgen darf und die Abwendung der Gefährdung prinzipiell zunächst in der Verantwortung der Eltern liegt, Art. 6 Abs. 2 GG, § 1666 Abs. 1 BGB. Sind die Personensorgeberechtigten indes zur Gefahrenabwehr nicht bereit oder nicht in der Lage, kann ein passives Verhalten bzw. ein nicht (explizit) erklärter Widerspruch auch nicht als ein der Inobhutnahme entgegenstehender Handlungswille oder die Inobhutnahme entbehrlich machende Handlungsbereitschaft gewertet werden. Selbstverständliche Voraussetzung ist allerdings, dass die Personensorgeberechtigten von der Gefahrenlage bzw. der beabsichtigten Inobhutnahme Kenntnis haben (ebd.).
- Sind die Personensorgeberechtigten bei (beabsichtigter) Inobhutnahme nicht erreichbar und kann eine Entscheidung des Familiengerichts nicht abgewartet bzw. nicht rechtzeitig eingeholt werden, ist die Inobhutnahme durchzuführen, § 42 Abs. 1 S. 1 Nr. 2 a) SGB VIII i. V. m. § 8a Abs. 2 SGB VIII. In diesem Fall ist das Familiengericht gem. § 42 Abs. 3 S. 3 i. V. m. Abs. 3 S. 2 Nr. 2 SGB VIII unverzüglich einzuschalten und eine Entscheidung des Familiengerichts über

die erforderlichen Maßnahmen zum Wohl des Kindes/Jugendlichen herbeizuführen (ebd. RN 32).

2.3

Gem. § 42 Abs. 1 S. 1 Nr. 3 SGB VIII ist die Inobhutnahme eines ausländischen Kindes/Jugendlichen vorgesehen, soweit dessen Einreise unbegleitet nach Deutschland erfolgt und sich weder Personensorgeberechtigte noch Erziehungsberechtigte im Inland aufhalten. Für diese Personengruppe besteht der Anlass der Inobhutnahme darin, dass dieser Personenkreis sich prinzipiell in einer latent kindeswohlgefährdenden Situation befindet, die ohne weitere Gefährdungsabschätzung eine Inobhutnahme erforderlich macht (ebd. RN 39 m. w. N.).

2.3.1

Neben § 42 Abs. 1 S. 1 Nr. 3 SGB VIII enthalten nunmehr auch die §§ 42a ff. SGB VIII über die „Vorläufige Inobhutnahme von ausländischen Kindern und Jugendlichen nach unbegleiteter Einreise" ergänzende Regelungen, die im Einzelnen zu beachten sind (ebd. RN 38). Wegen der seit dem Jahr 2015 stark gestiegenen Zahl minderjähriger Flüchtlinge, die aufgrund einer unbegleiteten Einreise nach Deutschland in Obhut genommen wurden (vgl. Pressemitteilung Statistisches Bundesamt vom 16.09.2015), hat der Gesetzgeber die „vorläufige" Inobhutnahme mit entsprechenden Begleitregelungen geschaffen. Die Notwendigkeit dieser gesonderten gesetzlichen Bestimmungen ergab sich u. a. aus dem Umstand, dass einige (an bestimmten Einreiseschwerpunkten liegende) Kommunen mit der Aufnahme minderjähriger Flüchtlinge überfordert bzw. überlastet waren, was zudem eine teils nicht mehr kindeswohlgerechte Betreuung und Versorgung der Kinder und Jugendlichen zur Folge hatte. Diese Situation machte aus Sicht des Gesetzgebers ein Verteilungsverfahren (nach dem sog. Königsteiner Schlüssel) notwendig, mit dem die minderjährigen Flüchtlinge auf die einzelnen Bundesländer verteilt werden.

Mit ihren auf die speziellen Aufgaben und den besonderen Personenkreis zugeschnittenen Bestimmungen ist die „vorläufige" Inobhutnahme (§ 42a ff. SGB VIII) der Inobhutnahme gem. § 42 SGB VIII gleichsam vorgeschaltet. Durch die Verweisung des § 42a Abs. 1 S. 3 auf § 42 Abs. 1 S. 2, Abs. 2 S. 2 u. 3, Abs. 5 und Abs. 6 SGB VIII wird allerdings klargestellt, dass sich an den fachlichen Standarts der „regulären" Inobhutnahme im Verhältnis zu den ausländischen Kindern und Jugendlichen nichts ändern sollte – also Handlungsgrundsätze für Erstversorgung, Unterbringung und ggf. anschließende Hilfeleistungen (ebd. RN 25 unter Verweis auf BT-Drucks. 18/5921 S. 17). (Auf die „vorläufige" Inobhutnahme wird im Kap. II, 15 gesondert und näher eingegangen.)

2.3.2

Nach § 42 Abs. 3 S. 4 SGB VIII hat das Jugendamt die Verpflichtung, für diese Kinder und Jugendlichen „unverzüglich“ die Bestellung eines Vormunds oder Pflegers zu veranlassen. Dies erfolgt über das Familiengericht. Zu den vom Jugendamt vorzunehmenden Rechtshandlungen gehört bei dieser Personengruppe insbesondere auch die unverzügliche Stellung eines Asylantrages, soweit Tatsachen die Annahme rechtfertigen, dass das Kind oder der Jugendliche internationalen Schutz i. S. des § 1 Abs. 1 Nr. 2 des Asylgesetzes benötigt. Dabei sind das Kind und der Jugendliche zu beteiligen, vgl. § 42 Abs. 2 S. 4 und 5 SGB VIII. Da es in diesen Fällen um schwierige Rechtsfragen auf dem Gebiet des Asyl- und Ausländerrechts geht, muss sich der Vormund um geeignete sachkundige Rechtsberatung bzw. um eine entsprechende anwaltliche Vertretung bemühen (ebd. RN 77).

3. Die Unterbringungsmöglichkeiten bei der Inobhutnahme

Die Inobhutnahme ist grundsätzlich nur eine vorläufige Maßnahme, § 42 Abs. 1 S. 2 SGB VIII. Die Intervention ist also von vornherein zeitlich begrenzt bzw. nur vorübergehend.

Gemäß § 42 Abs. 1 S. 2 SGB VIII erfolgt die Inobhutnahme durch vorläufige Unterbringung

- bei einer geeigneten Person,
- in einer geeigneten Einrichtung oder
- in einer sonstigen Wohnform.

Die Bestimmung bezeichnet die verschiedenen Möglichkeiten der Unterbringung, ohne konkrete Auswahlkriterien zu nennen. Kriterien der Eignung der jeweiligen Unterbringungsform sind das Alter des Kindes oder Jugendlichen sowie der Anlass der Inobhutnahme bzw. der Herkunftsort (Familie/Einrichtung). Das Wunsch- und Wahlrecht gem. § 5 SGB VIII ist zu berücksichtigen. Bei der Auswahl ist ferner das allgemeine Beteiligungsrecht des Kindes/Jugendlichen gem. §§ 8 Abs. 1 S. 1 sowie Abs. 4, 36 Abs. 1 S. 1 und S. 2 SGB VIII zu beachten, wobei Beteiligung und Beratung in einer für die Kinder und Jugendlichen verständlichen, nachvollziehbaren und wahrnehmbaren Form zu erfolgen haben.

§ 8 SGB VIII

Beteiligung von Kindern und Jugendlichen

(1) Kinder und Jugendliche sind entsprechend ihrem Entwicklungsstand an allen sie betreffenden Entscheidungen der öffentlichen Jugendhilfe zu beteiligen. Sie sind in geeigneter Weise auf ihre Rechte im Verwaltungsverfahren sowie im Verfahren vor dem Familiengericht und dem Verwaltungsgericht hinzuweisen.

(2) Kinder und Jugendliche haben das Recht, sich in allen Angelegenheiten der Erziehung und Entwicklung an das Jugendamt zu wenden.

(3) Kinder und Jugendliche haben Anspruch auf Beratung ohne Kenntnis des Personensorgeberechtigten, solange durch die Mitteilung an den Personensorgeberechtigten der Beratungszweck vereitelt würde. § 36 des Ersten Buches bleibt unberührt. Die Beratung kann auch durch einen Träger der freien Jugendhilfe erbracht werden; § 36a Absatz 2 Satz 1 bis 3 gilt entsprechend.

(4) Beteiligung und Beratung von Kindern und Jugendlichen nach diesem Buch erfolgen in einer für sie verständlichen, nachvollziehbaren und wahrnehmbaren Form.

„Geeignete Personen" sind vor allem entsprechende Bereitschaftspflegestellen. Eine „geeignete Person" i. S. d. § 42 Abs. 1 S. 2 SGB VIII kann – neben Großeltern oder sonstigen (volljährigen) Verwandten – insbesondere auch der nicht sorgeberechtigte, aber umgangsberechtigte Elternteil sein, weil die Unterbringung des Kindes/Jugendlichen „bei einer Bezugsperson – selbstverständlich – den Vorzug verdient" (vgl. OLG Zweibrücken ZfJ 1996, 241).

Unter die Begriffe „geeignete" Einrichtung bzw. „sonstige Wohnform" fallen spezielle Wohngruppen der §§ 34, 35 SGB VIII mit dem dortigen Angebotsprofil sowie entsprechende Einrichtungen der Kinder- und Jugendpsychiatrie, Kinder- und Jugendnotdienste oder Jugendschutzstellen. § 45a SGB VIII enthält die Legaldefinition des Einrichtungsbegriffs.

§ 45a SGB VIII

Einrichtung

Eine Einrichtung ist eine auf gewisse Dauer und unter der Verantwortung eines Trägers angelegte förmliche Verbindung ortsgebundener räumlicher, personeller und sachlicher Mittel mit dem Zweck der ganztägigen oder über einen Teil des Tages erfolgenden Betreuung oder Unterkunftsgewährung sowie Beaufsichtigung, Erziehung, Bildung, Ausbildung von Kindern und Jugendlichen außerhalb ihrer Familie. Familienähnliche Betreuungsformen der Unterbringung, bei denen der Bestand der Verbindung nicht unabhängig von bestimmten Kindern und Jugendlichen, den dort tätigen Personen und der Zuordnung bestimmter Kinder und Jugendlicher zu bestimmten dort tätigen Personen ist, sind nur dann Einrichtungen, wenn sie fachlich und organisatorisch in eine betriebserlaubnispflichtige Einrichtung eingebunden sind. Eine fachliche und organisatorische Einbindung der familienähnlichen Betreuungsform liegt insbesondere vor, wenn die betriebserlaubnispflichtige Einrichtung das Konzept, die fachliche Steuerung der Hilfen, die Qualitätssicherung, die Auswahl,

Überwachung, Weiterbildung und Vertretung des Personals sowie die Außenvertretung gewährleistet. Landesrecht kann regeln, unter welchen Voraussetzungen auch familienähnliche Betreuungsformen Einrichtungen sind, die nicht fachlich und organisatorisch in eine betriebserlaubnispflichtige Einrichtung eingebunden sind.

4. Die Befugnis zur Wegnahme des Kindes von einer „anderen Person" im Rahmen der Inobhutnahme wegen dringender Gefahr

Bei der Inobhutnahme wegen dringender Gefahr darf das Jugendamt ausdrücklich ein Kind oder einen Jugendlichen von „einer anderen Person wegnehmen", § 42 Abs. 1 S. 2 2. HS SGB VIII. Damit ist die Wegnahme des Kindes/Jugendlichen aus einer Einrichtung oder von einer Pflegeperson, aber auch von jeder anderen Person, insbesondere auch von den Eltern (also von den Personensorgeberechtigten selbst) möglich.

Nach dem Wortlaut des § 42 Abs. 1 S. 1 und 2 SGB VIII ist die Wegnahme des Kindes/Jugendlichen vom Personensorgeberechtigten bzw. Erziehungsberechtigten zwar nicht konkret angesprochen. Jedoch verweist die Gesetzesbegründung darauf, dass es nicht sachgerecht sei, im Hinblick auf einen effektiven Kindesschutz danach zu differenzieren, ob das Kind zur Abwendung einer akuten Kindeswohlgefährdung dritten Personen oder den Personenberechtigten selbst wegzunehmen sei. Aus diesem Grund werde die Befugnis zur Wegnahme unter den genannten Voraussetzungen auch auf den Kreis der Personensorgeberechtigten selbst ausgeweitet. Eine ausreichende Berücksichtigung der verfassungsrechtlich garantierten Elternrechte sei dabei gewährleistet. Die Inobhutnahme dürfe nur bei einer dringenden Gefahr für das Wohl des Kindes oder Jugendlichen erfolgen. Die Elternverantwortung müsse sich ebenfalls am Kindeswohl als oberster Richtschnur orientieren. Wenn das Kindeswohl gefährdet sei, sei der Staat in Wahrnehmung seines Wächteramts nach Art. 6 Abs. 2 S. 2 GG nicht nur berechtigt, sondern auch verpflichtet, die Pflege und Erziehung des Kindes sicher zu stellen. In diesen Fällen habe das Grundrecht des Kindes auf Schutz vor Gefahren für sein Wohl Vorrang. Unter diesen Voraussetzungen sei auch eine Wegnahme des Kindes von den Personensorgeberechtigten verhältnismäßig (vgl. BR-Drucks. 586/04 S. 44, 69).

Die Wegnahme eines neugeborenen Kindes (ohne das Einverständnis der Eltern) ist allerdings nur bei „außerordentlich" (bzw.) „ungewöhnlich zwingenden Gründen" zulässig, weil die Wegnahme eines neugeborenen Kindes von seiner Mutter „eine äußerst einschneidende" (bzw.) „außerordentlich harte Maßnahme darstellt" (vgl. Europäischer Gerichtshof für Menschenrechte, Urteil v. 8. April 2004, AZ: 11057/02, Juris, Orientierungssatz 6., RN 91, 102).

5. Inobhutnahme und sozialpädagogischer Handlungsauftrag des Jugendamts

Gemäß § 42 Abs. 2 S. 1 SGB VIII hat das Jugendamt während der Inobhutnahme die Situation, die zur Inobhutnahme geführt hat, zusammen mit dem Kind/Jugendlichen zu klären und Möglichkeiten der Hilfe und Unterstützung aufzuzeigen.

5.1

Durch das Kinder- und Jugendstärkungsgesetz – KJSG (2021) wurden die Aufklärungspflichten des Jugendamtes hinsichtlich der Kinder bzw. Jugendlichen dahin ergänzt, dass das Jugendamt zur unverzüglichen und umfassenden adressatenorientierten Aufklärung (in einer „verständlichen, nachvollziehbaren und wahrnehmbaren Form") verpflichtet ist, vgl. § 42 Abs. 2 S. 1 SGB VIII. Gleiches gilt für die Personensorge- oder Erziehungsberechtigten, § 42 Abs. 3 S. 1 SGB VIII. Für die Zielsetzung der Gefährdungsabwendung sei es von entscheidender Bedeutung, dass das Kind oder der Jugendliche und die Eltern nachvollziehen könnten, was die Inobhutnahme konkret für sie bedeute. Es gelte, für das Kind oder den Jugendlichen das Geschehen verständlich und nachvollziehbar zu erklären, um Ängste abzubauen und zu vermeiden, dass mit der Inobhutnahme zusätzlich zu der sie auslösenden Krisensituation weitere Kindeswohlbeeinträchtigungen (zum Beispiel Traumatisierung) entstünden (BT-Drucks. 19/26107, S. 96).

5.2

Der Handlungsauftrag des Jugendamts ist mit einem hohen sozialpädagogischen Anspruch verbunden. In erster Linie dürfte dabei eine Deeskalation anzustreben sein, wozu ggf. die Erbringung von Leistungen im Rahmen der §§ 27 ff. SGB VIII gehört. Dies gilt insbesondere dann, wenn die Personensorgeberechtigten der Inobhutnahme nicht widersprechen, § 42 Abs. 3 S. 5 SGB VIII. Auch akut erforderliche pädagogische und damit verbundene therapeutische Leistungen im Sinne einer intensiven sozialpädagogischen Betreuung sind zu gewähren, soweit dies mit der zeitlich begrenzten Maßnahme zu vereinbaren ist. Voraussetzung ist stets, dass die Leistungen der Herstellung und dem Erhalt des geistigen, leiblichen und seelischen Wohls des Kindes/Jugendlichen dienen. Durch die gesetzlich vorgesehene Situationsklärung unter Einbeziehung des Kindes/Jugendlichen, kann/soll das Jugendamt neben dem Gespräch mit dem Kind/Jugendlichen zur Aufklärung des Sachverhalts ggf. weitergehende Ermittlungen anstellen. Gem.

§ 62 Abs. 3 Nr. 2 c) SGB VIII dürfen hierzu ausdrücklich auch bei einer Inobhutnahme personenbezogene Daten grundsätzlich ohne Mitwirkung des Betroffenen erhoben werden.

5.3

Nach erfolgter Inobhutnahme ist das Kind berechtigt, eine „Person seines Vertrauens“ zu benachrichtigen, vgl. § 42 Abs. 2 S. 2 SGB VIII. Das Jugendamt ist verpflichtet, dem Kind/Jugendlichen unverzüglich eine entsprechende Gelegenheit zu verschaffen, damit es die Kontaktaufnahme selbst herstellen kann. Zum Kreis einer möglichen Person des Vertrauens gehören Elternteile, Freunde, Verwandte, z. B. aber auch Lehrer oder Nachbarn. Grundsätzlich bestimmt das Kind oder der Jugendliche selbst, wen es/er benachrichtigt.

5.4

Gemäß § 42 Abs. 2 S. 3 SGB VIII hat das Jugendamt alles zu unternehmen, was dem Wohl des in Obhut genommenen Kindes/Jugendlichen dienlich ist. Hierzu gehört die Erfüllung materieller Grundbedürfnisse wie Unterkunft und Verpflegung, dies beinhaltet auch die Übernahme von Kosten für Kleidung usw. sowie Zahlung von Taschengeld (Trenczek/Beckmann ebd. RN 43). Ferner zählen dazu die Kosten der Erziehung und der Krankenhilfe (letztere wegen der gesetzlichen Krankenversicherung im Rahmen der Familienversicherung allerdings nur nachrangig), vgl. §§ 39, 40 SGB VIII.

5.5

Während der Inobhutnahme ist das Jugendamt auch berechtigt, „alle Rechtshandlungen vorzunehmen, die zum Wohl des Kindes oder Jugendlichen notwendig sind“, ohne dass der Personensorgeberechtigte sein Sorgerecht verliert. Alles was zur Erfüllung dieser Aufgabe erforderlich ist, ist rechtlich abgedeckt. In der Literatur werden deshalb dem Jugendamt umfassende Befugnisse und Pflichten eingeräumt. In diesem Zusammenhang ist z. B. auch die rechtliche Vertretung des Kindes/Jugendlichen für die Inanspruchnahme einer ärztlichen Behandlung erlaubt bzw. möglich.

6. Durchführung der Inobhutnahme und Gewährung von Hilfen

Widersprechen die Personensorgeberechtigten der Inobhutnahme nicht, ist unverzüglich ein Hilfeplanverfahren zur Gewährung einer Hilfe einzuleiten, § 42 Abs. 3 S. 5 SGB VIII.

Diese Hilfen sind auch dann zu gewähren, wenn die Personensorgeberechtigten keinen Antrag gem. § 27 ff. SGB VIII stellen und zu der Inobhutnahme schweigen. Stimmen die Personensorgeberechtigten einer Inobhutnahme zu, steht einer Hilfeplanung und der Gewährung von Hilfen ohnehin nichts im Wege, da zugleich ein Hilfeplanverfahren zur Gewährung einer Hilfe einzuleiten ist.

7. Exkurs zur Aufenthaltsbestimmung des Jugendamts im Rahmen der Inobhutnahme: Die „öffentlich-rechtliche Notkompetenz" des Jugendamts und die Haftung des Jugendamts als Amtspfleger wegen unangemessener Ausübung des Aufenthaltsbestimmungsrechts

7.1

Wie das Bundesverfassungsgericht entschieden hat, ist das Jugendamt bei einer Inobhutnahme im Falle des Widerspruchs des Personensorgeberechtigten lediglich zu vorläufigen Maßnahmen berechtigt. Hieraus folgt, dass das Jugendamt das (uneingeschränkte) Aufenthaltsbestimmungsrecht grundsätzlich erst durch eine entsprechende sorgerechtliche Entscheidung des Familiengerichts erhält, weil es sich bei den Entscheidungen und Maßnahmen des Jugendamts zunächst nur um „vorläufige Maßnahmen im Rahmen seiner öffentlich-rechtlichen Notkompetenz handelt", vgl. BVerfG FamRZ 2007, 1627 ff. (1628, 1629).

§ 1631 BGB

Inhalt und Grenzen der Personensorge

(1) Die Personensorge umfasst insbesondere die Pflicht und das Recht, das Kind zu pflegen, zu erziehen, zu beaufsichtigen und seinen Aufenthalt zu bestimmen.
(2) Das Kind hat ein Recht auf Pflege und Erziehung unter Ausschluss von Gewalt, körperlichen Bestrafungen, seelischen Verletzungen und anderen entwürdigenden Maßnahmen.
(3) Das Familiengericht hat die Eltern auf Antrag bei der Ausübung der Personensorge in geeigneten Fällen zu unterstützen.

Mit der Aufenthaltsbestimmung legt der Personensorgeberechtigte konkret den Wohnort bzw. die Wohnung (z. B. bei Großeltern, Internat oder Heim) für den Minderjährigen fest. Hiervon zu trennen ist die sog. Wohnsitzbestimmung gem. § 11 BGB.

§ 11 BGB
Wohnsitz des Kindes

Ein minderjähriges Kind teilt den Wohnsitz der Eltern; es teilt nicht den Wohnsitz eines Elternteils, dem das Recht fehlt, für die Person des Kindes zu sorgen. Steht keinem Elternteil das Recht zu, für die Person des Kindes zu sorgen, so teilt das Kind den Wohnsitz desjenigen, dem dieses Recht zusteht. Das Kind behält den Wohnsitz, bis es ihn rechtsgültig aufhebt.

In dem vom BVerfG entschiedenen Fall hatte das Jugendamt ein dreizehn Jahre altes Kind gegen den Willen der Eltern aus deren Haushalt in Obhut genommen und in einer sog. geschlossenen Einrichtung (also Unterbringung verbunden mit Freiheitsentziehung) untergebracht. Hierzu, so das BVerfG, sei nur der Aufenthaltsbestimmungsberichtigte befugt, der allein einen wirksamen Antrag auf Erteilung einer familiengerichtlichen Genehmigung der geschlossenen Unterbringung auf der Grundlage von § 1631b BGB stellen könne. Das BVerfG weiter: „Inhaber des Aufenthaltsbestimmungsrechts waren – und sind bis heute (gemeint: bis zur Entscheidung des BVerfG, der Verf.) – die Eltern und nicht das Jugendamt. Dass das Jugendamt das Kind in Obhut genommen hat, steht dem nicht entgegen“ (ebd. S. 1628). Die vom Jugendamt veranlasste mit Freiheitsentziehung verbundene Unterbringung war (deshalb) ohne gerichtliche Entscheidung spätestens mit dem Ablauf des Tages nach ihrem Beginn zu beenden. Im Hinblick auf den Genehmigungsvorbehalt des Familiengerichts nach § 1631b BGB (für eine längere geschlossene Unterbringung des Kindes) habe deshalb im Streitfall noch eine Entscheidung (des Familiengerichts) nach §§ 1666, 1666a BGB hinzutreten müssen, weil es sich bei den Entscheidungen und Maßnahmen des Jugendamts zunächst nur um „vorläufige Maßnahmen im Rahmen seiner öffentlich-rechtlichen Notkompetenz“ handele, während die sorgerechtlichen Maßnahmen vom Familiengericht zu treffen seien (ebd.).

Damit verblieb in dem fraglichen Fall das Aufenthaltsbestimmungsrecht bis zu einer sorgerechtlichen Entscheidung des Familiengerichts bei den Eltern, die mithin allein die für eine längere geschlossene Unterbringung (also für die Zeit nach Ablauf des Tages, der dem Tag der Freiheitsentziehung folgt) notwendige familiengerichtliche Genehmigung gem. § 1631b BGB herbeiführen konnten. Wie das BVerfG in diesem Zusammenhang an anderer Stelle ausführt, wäre es (für eine weitergehende freiheitsentziehende Unterbringung) erforderlich gewesen, den Eltern durch das Familiengericht einstweilen das Aufenthaltsbestimmungsrecht gem. §§ 1666, 1666a BGB zu entziehen und dieses auf das Jugendamt als Ergänzungspfleger zu übertragen, damit das Jugendamt nunmehr als Inhaber des Aufenthaltsbestimmungsrechts die familiengerichtliche Genehmigung für die freiheitsentziehende Unterbringung beantragen konnte.

7.2

Im Zusammenhang mit einem Verfahren zur Haftung des Jugendamts als Amtspfleger wegen unangemessener Fremdunterbringung eines Kindes im Rahmen einer Inobhutnahme hat das OLG Frankfurt entschieden, dass eine am Kindeswohl orientierte Ausübung des Aufenthaltsbestimmungsrechts durch den Amtspfleger sich an den höchstrichterlichen Grundsätzen zur Fremdunterbringung eines Kindes orientieren müsse (OLG Frankfurt, Urteil v. 27.07.2023 – 1 U 6/21 –, juris RN 32, 33).

In dem fraglichen Fall hatte das Jugendamt in einem hochstrittigen Sorgerechtsverfahren getrenntlebender Eltern den gemeinsamen etwa 6-jährigen Sohn – zunächst im Einvernehmen mit beiden Elternteilen – wegen behaupteter Ohrfeigen durch die Mutter aus deren Haushalt in Obhut genommen und anderweit in einem Kinderheim in einer anderen Stadt untergebracht. Zuvor hatte das Familiengericht dem Jugendamt das Aufenthaltsbestimmungsrecht übertragen. Einige Tage später widerriefen die Eltern ihre Einwilligung zur Inobhutnahme und wurden wiederum wenige Tage später geschieden, wobei das Familiengericht den fraglichen Beschluss über das Aufenthaltsbestimmungsrecht aufrechterhalten und (mit Blick auf das noch anhängige hochstrittige Sorgerechtsverfahren) wegen Kindeswohlgefährdung erweitert hatte. Etwa drei Monate später wurde das Kind an die Mutter herausgegeben, nachdem das OLG den familiengerichtlichen Beschluss über das Aufenthaltsbestimmungsrecht aufgehoben hatte. Nach weiterer, vom OLG veranlasster Begutachtung, wurde die alleinige elterliche Sorge auf den Vater übertragen, bei dem das Kind seitdem lebt. Mit dem Verfahren beanspruchten der Kindesvater sowie das Kind u. a. Schmerzensgeld wegen pflichtwidriger Inobhutnahme durch das Jugendamt. Hierzu hat das OLG ausgeführt, dass das Jugendamt als Ergänzungspfleger bzw. die mit der Ausübung der Ergänzungspflegschaft betraute Mitarbeiterin mit der Entscheidung über den Aufenthalt des Kindes die ihnen obliegende Amtspflicht dadurch schuldhaft verletzt hätten, dass sie das Aufenthaltsbestimmungsrecht über den Zeitpunkt der Scheidung hinaus (bzw. ab dem Widerruf der elterlichen Einwilligungen zur Inobhutnahme) weiterhin zugunsten einer Fremdunterbringung des Kindes ausübten (ebd. RN 30).

Weiter führt das OLG Frankfurt hierzu aus: „Demgemäß kommt es darauf an, ob die Entscheidung, die Unterbringung in der Einrichtung aufrechtzuerhalten, sachgemäß war und einer am Kindeswohl orientierten Ausübung des Aufenthaltsbestimmungsrechts entsprach. Schuldhafte Verletzungen dieser der Pflegerin bzw. dem Jugendamt obliegenden Pflichten können eine Haftung wegen Amtspflichtverletzung nach § 839 BGB i. V. m. Art. 34 GG oder gemäß §§ 1833, 1915 BGB i. V. m. § 56 Abs. 1 SGB VIII begründen (…). Der Amtspfleger muss – wie jeder Beamte – sein Amt im Einklang mit dem objektiven Recht ausüben und die Rechtslage unter Zuhilfenahme der ihm zur Verfügung stehenden Hilfsmittel sorgfältig und gewissenhaft prüfen. Kommt er auf dieser Grundlage zu einer vertretbaren Auffassung, handelt er nicht schuldhaft, auch wenn seine Auffassung später durch ein Gericht missbilligt wird; eindeutige höchstrichterliche Rechtsprechung ist bei der Anwendung unbestimmter Rechtsbegriffe zu berücksichtigen (…). Für die am Kindeswohl zu orientierende Entscheidung der Amtspflegerin, ob an der Genehmigung der Inobhutnahme und damit an der Fremdunterbringung in dem Kinderheim festzuhalten war, hält der Senat die Grundsätze für maßgeblich, die das Bundesverfassungsgericht generell bei einer zu einer Fremdunterbringung führenden oder sie ermöglichenden Entscheidung im Rahmen von § 1666 BGB für maßgeblich hält. Das Bundesverfassungsgericht hat zur Fremdunterbringung eines Kindes aus Anlass eines tiefgreifenden Elternkonflikts (…) ausgeführt, dass eine solche Maßnahme gerechtfertigt ist, wenn der permanente Elternkonflikt das Kindeswohl in hohem Maße und mit hoher Wahrscheinlichkeit gefährdet. Zwar reiche die Beeinflussung des Kindes durch einen Elternteil und die dadurch bei dem Kind hervorgerufene Verweigerungshaltung gegenüber dem anderen Elternteil für sich genommen regelmäßig nicht aus, um eine Unterbringung des Kindes bei Dritten zu veranlassen. Wegen des Fehlverhaltens eines Elternteils würde das Kind ansonsten praktisch beide verlieren (…). Wenn ein massiver Elternkonflikt aber zu erheblichen Schädigungen und im Einzelnen benannten Verhaltensauffälligkeiten bis hin zu Suizidgedanken bei dem Kind geführt habe, gebe dieser Befund Anlass zu einer Sorgerechtsmaßnahme nach § 1666 BGB (…) und könne einen Eingriff in das elterliche Erziehungsgrundrecht auch verfassungsrechtlich rechtfertigen. Der Grundsatz der Verhältnismäßigkeit verlange aber, dass die Maßnahme zur Erreichung des Zwecks, eine nachhaltige Gefährdung des Kindes abzuwenden, geeignet sei. Das setze voraus, dass die konkrete Gefahr, die dem Kind bei dem Verbleib in der Familie drohe, beseitigt oder abgemildert werde. An der Geeignetheit fehle es, wenn die Trennung des Kindes von den Eltern mit anderweitigen Beeinträchtigungen des Kindeswohls einhergehe, welche durch die Beseitigung der festgestellten Gefahr nicht aufgewogen würden. Die Folgen der Fremdunterbringung dürften für das Kind nicht gravierender sein als die Folgen eines Verbleibs in der Herkunftsfamilie. Die Fremdunterbringung müsse außerdem erforderlich sein; es müsse das von mehreren gleichgut geeigneten Mitteln das das Elternrecht am wenigsten beeinträchtigende Mittel gewählt werden; es müsse versucht werden, durch helfende, unterstützende, auf Herstellung oder Wiederherstellung eines verantwortungsgerechten Verhaltens der Eltern gerichtete Maßnahmen das Ziel zu erreichen. Schließlich dürfe die Trennung des Kindes von den Eltern nicht außer Verhältnis zur Abwendung der Kindeswohlgefahr stehen" (ebd. RN 33).

Weiter heißt es: „In anderen Entscheidungen hat das BVerfG hinsichtlich der Eignung hervorgehoben, dass es darauf ankomme, dass die Fremdunterbringung die Situation des Kindes in der Gesamtbetrachtung verbessert" (ebd. RN 34). „Eine nach diesen Maßstäben nicht gerechtfertigte Fremdunterbringung kann eine schwerwiegende Verletzung des Persönlichkeitsrechts des Kindes darstellen, da es sich um einen Eingriff in das Allgemeine Persönlichkeitsrecht in seiner Ausprägung als Anspruch auf ein ungestörtes Leben und Aufwachsen in vertrauten familiären Verhältnissen handelt." (ebd. RN 35). „Die Inobhutnahme und die anschließend durch das Jugendamt aufrechterhaltene Bestimmung des Aufenthalts in einem Kinderheim können abgesehen von einer kurzen Übergangszeit nicht damit gerechtfertigt werden, dass der Kläger zu 1 (das Kind, der Verf.) von seiner Mutter geschlagen wurde und er deshalb zum Schutz vor Misshandlung nicht bei seiner Mutter belassen werden konnte. Selbst wenn man die Äußerungen (...), er sei von seiner Mutter wiederholt geohrfeigt worden, und die ärztlich festgestellten Hämatome im Gesicht als zunächst hinreichende Anzeichen für einen Verstoß der Mutter gegen das Gebot zu gewaltfreier Erziehung ansehen konnte, rechtfertigen diese Umstände keine über mehrere Monate andauernde Wegnahme des Klägers zu 1 (des Kindes, der Verf.) von seiner Familie" (ebd. RN 37). „Denn der Gefahr erneuter Misshandlungen konnte dadurch begegnet werden, dass der Kläger zu 1 (das Kind, der Verf.) bis zur endgültigen Entscheidung über das Sorgerecht bei seinem Vater untergebracht wurde. Selbst wenn man die Bedenken des Familiengerichts (...), dass ein sofortiger Aufenthaltswechsel zu dem Kläger zu 2 (dem Vater, der Verf.) mangels professioneller Unterstützung nicht möglich sei, berücksichtigt, kann das nicht bedeuten, dass deshalb ein mehrmonatiger Aufenthalt in völlig fremder Umgebung die sachlich richtige Entscheidung ist" (ebd. RN 38). „Dem zur Rechtfertigung der Unterbringung des Klägers zu 1 (des Kindes, der Verf.) in einem Kinderheim weiter herangezogenen Aspekt des heftigen und langwierigen Streits seiner Eltern über das Sorge- und Umgangsrecht ist kein hinreichendes Gewicht beizumessen, vor allem, weil die mit der Fremdunterbringung einhergehende Belastung absehbar nicht geeignet war, die Situation des Klägers zu 1 (des Kindes, der Verf.) zu verbessern" (ebd. RN 39). „Bei der Ausübung des Aufenthaltsbestimmungsrechts musste die Amtspflegerin berücksichtigen, dass es sich bei der Unterbringung des Klägers zu 1 (des Kindes, der Verf.) außerhalb seiner Familie nicht nur um keine Dauerlösung handeln konnte, sondern dass unter dem Gesichtspunkt der Belastung durch den Elternkonflikt eine Herausnahme des Kindes aus seiner Familie an sich überhaupt nicht veranlasst und, wenn überhaupt, dann allenfalls zur Beruhigung und Findung des Klägers zu 1 (des Kindes, der Verf.) gerechtfertigt gewesen sein kann. Den Gesichtspunkt des zeitlich und sachlich begrenzten Zwecks der Fremdunterbringung haben die Pflegerin und das Jugendamt aber in der Folge nicht mehr hinreichend beachtet" (ebd. RN 39). „Von diesem Ausgangspunkt aus musste aber das Jugendamt selbst dafür sorgen, dass es bei der angedachten Kurzfristigkeit blieb. Eine längere, über Monate andauernde Trennung von beiden Eltern konnte der Kläger zu 1 (das Kind, der Verf.) nicht als Entlastung von einem Konflikt erleben, sondern musste dies, wie es tatsächlich auch geschehen ist (…) als ungerechtfertigte Folge dafür verstehen, dass er sich über die Misshandlung durch seine Mutter beschwert hatte, sodass er schlussendlich den Kläger zu 2 (seinen Vater, der Verf.) für seine Fremdunterbringung in dem Kinderheim verantwortlich machte" (ebd. RN 39).

8. Mutmaßlicher Wille der Personensorgeberechtigten und Informationspflicht des Jugendamts

Bei sämtlichen Rechtshandlungen während der Inobhutnahme hat das Jugendamt den „mutmaßlichen Willen" der Personensorge-/Erziehungsberechtigten „angemessen zu berücksichtigen", § 42 Abs. 2 S. 4 2. HS SGB VIII, allerdings nur, soweit der Wille nicht im Widerspruch zu Sinn und Zweck der Inobhutnahme bzw. zum objektiven Kindeswohl steht. Insgesamt gesehen geht es letztlich darum, die erzieherischen Grundvorstellungen der Personensorgeberechtigten zu respektieren.

Im Fall der Inobhutnahme bei einer Selbstmeldung oder der Inobhutnahme wegen dringender Gefahr für das Wohl des Kindes/Jugendlichen hat das Jugendamt die Personensorge-/Erziehungsberechtigten unverzüglich zu benachrichtigen, und zwar – nach der Aktualisierung der Vorschrift durch das KJSG (2021) – in einer verständlichen, nachvollziehbaren und wahrnehmbaren Form (s. o.). Nach dem Wortlaut des Gesetzes gehört hierzu eine umfassende Aufklärung über die Maßnahme, ferner, gemeinsam mit ihnen das Gefährdungsrisiko abzuschätzen. Angesichts vielfältiger Gefahren für Kinder/Jugendliche (Unfälle u. ä.) sollten Eltern grundsätzlich schnellstmöglich von der Tatsache der Inobhutnahme durch das Jugendamt in Kenntnis gesetzt werden. Insofern ist über die Tatsache der Inobhutnahme, die Bezeichnung des zuständigen Jugendamts und die Angabe aller Umstände, die für die Personensorge-/Erziehungsberechtigten zum Verständnis der Situation wichtig sind, zu unterrichten Nach der Gesetzesbegründung soll die Benachrichtigung der Eltern in der Praxis auch dazu dienen, das Einverständnis der Eltern zum vorläufigen Verbleib des Kindes/Jugendlichen in der Schutzstelle zu erreichen (BT-Drucks. 11/5948, S. 80).

Da das Jugendamt „das Gefährdungsrisiko abzuschätzen" hat, kann in diesem Zusammenhang (neben der Unterrichtung der Eltern über die erfolgte Inobhutnahme) auch eine Situationsklärung herbeigeführt werden.

9. Widerspruch der Eltern nach (durchgeführter) Inobhutnahme

Widersprechen die Personensorge-/Erziehungsberechtigten der Inobhutnahme, sieht das Gesetz zwei Möglichkeiten vor:

- Übergabe des Kindes/Jugendlichen (Nr. 1) bzw.
- Herbeiführung einer familiengerichtlichen Entscheidung (Nr. 2), vgl. § 42 Abs. 3 S. 2 SGB VIII.

Die Rückgabe des Kindes/Jugendlichen (gem. Nr. 1) kommt nur in Betracht, sofern

- nach Einschätzung des Jugendamtes eine Gefährdung des Kindeswohls nicht besteht oder
- die Personensorgeberechtigen/Erziehungsberechtigten bereit und in der Lage sind, die Gefährdung abzuwenden. Solange diese Voraussetzungen nicht erfüllt sind, bleibt der gefährdete Minderjährige in der Obhut des Jugendamtes, bis festgestellt ist, dass eine Gefährdungssituation nicht (mehr) besteht.

Ist der Personensorge-/Erziehungsberechtigte mit der Inobhutnahme nicht einverstanden, hat das Jugendamt eine Entscheidung des Familiengerichts herbeizuführen. In diesem Fall ist das Jugendamt verpflichtet, dem Familiengericht sämtliche Tatsachen mitzuteilen, die die Inobhutnahme gegen den Willen des Personensorge-/Erziehungsberechtigten weiterhin erforderlich machen.

10. Die Entscheidungsmöglichkeiten des Familiengerichts

Das Familiengericht befasst sich bei dieser Sachlage nicht etwa mit der Kontrolle des Jugendamtes, auch nicht mit der Aufgabe, die Rechtmäßigkeit der Inobhutnahme zu überprüfen oder deren Fortdauer anzuordnen: Vielmehr geht es ausschließlich um die aus Sicht des Gerichts erforderlichen Maßnahmen zur Beseitigung der Kindeswohlgefährdung, die der Inobhutnahme zu Grunde liegt.

Die Entscheidung des Familiengerichts kann z. B. auf eine einstweilige Anordnung hinauslaufen, mit der dem Sorgeberechtigten die gesamte Personensorge entzogen und diese auf das Jugendamt übertragen wird. So kann das Jugendamt als Ergänzungspfleger sicherstellen, dass es faktisch bei der Inobhutnahme verbleibt, um für einen gewissen begrenzten Zeitraum zur Abwendung einer Kindeswohlgefährdung (§ 1666 Abs. 1 S. 1 BGB) das krisenhafte Ereignis durch „Spannungsentlastung, Problemklärung und Wiederaufnahme von Kommunikation“

(vgl. BT-Drucks. 11/5948, S. 80) mit sozialpädagogischen Hilfen zu bewältigen (vgl. auch BVerfG FamRZ 2007, 1627 ff., 1629).

Ist der Personensorge-/Erziehungsberechtigte zur Abklärung/Absprache über den Verbleib des Kindes/Jugendlichen in Obhut des Jugendamtes nicht erreichbar, muss das Jugendamt ebenfalls unverzüglich beim Familiengericht eine Entscheidung herbeiführen, § 42 Abs. 3 S. 3 SGB VIII (vgl. auch VG Münster ZfJ 1997, 428 ff.).

Dulden die Personensorgeberechtigten die Inobhutnahme, leitet das Jugendamt gem. § 42 Abs. 3 S. 5 SGB VIII ein Hilfeplanverfahren zur Gewährung einer Hilfe ein. Dies setzt voraus, dass die Personensorg-/Erziehungsberechtigten von der Inobhutnahme durch das Jugendamt in Kenntnis gesetzt worden sind (vgl. auch Tillmanns ebd. RN 6). Nach Einleitung des Hilfeplanverfahrens (§ 36 SGB VIII) ist im Anschluss die entsprechende, im Rahmen des Hilfeplanverfahrens als notwendig und geeignet erkannte Hilfe zu gewähren, § 27 SGB VIII. Die Regelung entspricht damit dem Sinn und Zweck des erweiterten Schutzauftrags des Jugendamts (§ 8a SGB VIII).

11. Ende der Inobhutnahme

Die Inobhutnahme endet entweder mit der Über-/Rückgabe des Kindes/Jugendlichen an die Personensorge-/Erziehungsberechtigten oder mit der Entscheidung über die Gewährung von Hilfen nach dem SGB VIII. Da die Übergabe des Kindes/Jugendlichen an die Personensorge- bzw. Erziehungsberechtigten nur unter der Voraussetzung erfolgt, dass nach Einschätzung des Jugendamts eine Gefährdung des Kindeswohls nicht (mehr) besteht bzw. die Personensorge-/Erziehungsberechtigten bereit und in der Lage sind, die Gefährdung abzuwenden, ist für die Fortdauer einer Inobhutnahme nach Feststellung der notwendigen und geeigneten Hilfe, §§ 28 ff. SGB VIII, kein Raum mehr.

Widersprechen die Personensorgeberechtigten der Inobhutnahme und kommt es zu einer familiengerichtlichen Entscheidung wegen der der Inobhutnahme zu Grunde liegenden Gefährdungssituation (z. B. Entzug der Personensorge und deren Übertragung auf das Jugendamt als Pfleger), bleibt die Inobhutnahme nach dem ausdrücklichen Willen des Gesetzgebers so lange bestehen, bis eine Entscheidung über die Gewährung von Hilfen getroffen wurde und tatsächlich entsprechende Hilfen erbracht werden. Damit wird im Ergebnis von der Inobhutnahme zur Hilfegewährung übergegangen.

Das gleiche gilt, wenn die Personensorgeberechtigten die Inobhutnahme dulden, vgl. § 42 Abs. 3 S. 5 SGB VIII, weil in diesem Fall die unverzügliche Einleitung eines Hilfeplanverfahrens zur Gewährung von Hilfen gesetzlich vorgesehen ist.

Unabhängig von den Regelungen des §42 Abs. 4 endet die Inobhutnahme unverzüglich, wenn die ihr zugrundeliegenden Probleme geklärt sind bzw. die Voraussetzungen nicht mehr vorliegen.

12. Freiheitsentziehende Maßnahmen bei der Inobhutnahme

12.1

Der Gesetzestext des §42 Abs. 5 SGB VIII spricht allgemein von „freiheitsentziehenden Maßnahmen". Seit dem Gesetz zur Einführung eines familienrechtlichen Genehmigungsvorbehalts für freiheitsentziehende Maßnahmen bei Kindern (2017) unterscheidet § 1631b BGB zwischen freiheitsentziehender Unterbringung, § 1631b Abs. 1 BGB, und (nicht altersgerechten) freiheitsentziehenden Maßnahmen (jedweder Art), § 1631b Abs. 2 BGB. Nach dem Verständnis beider Vorschriften (SGB VIII und BGB) ist mithin davon auszugehen, dass im Rahmen der Inobhutnahme jedwede freiheitsentziehende Maßnahme nach § 1631b BGB (freiheitsentziehende Unterbringung und freiheitsentziehende Maßnahmen) von der Regelung erfasst werden.

12.2

Grundsätzlich sind die angesprochenen Maßnahmen nur dann zulässig, wenn und soweit sie erforderlich sind, um eine Gefahr für Leib oder Leben des Kindes/Jugendlichen oder eine Gefahr für Leib oder Leben Dritter abzuwenden, §42 Abs. 5 S. 1 SGB VIII. Damit enthält § 42 Abs. 5 SGB VIII zusätzliche Voraussetzungen für die Befugnis zu allen freiheitsentziehenden Maßnahmen i. S. d. § 1631b BGB (Tillmanns MüKo SGB VIII ebd. RN 19).

Freiheitsentziehende Maßnahmen sind lediglich in seltenen Fällen angezeigt, weil dem sozialpädagogischen Handlungsansatz nach dem eindeutigen Willen des Gesetzes grundsätzlich der Vorrang einzuräumen ist (ähnlich: FK-SGB VIII/Trenczek/Beckmann, ebd. RN 60ff. m. w. N.).

Die gesetzliche Formulierung präzisiert den Grundsatz der Verhältnismäßigkeit: So ist z. B. insbesondere zu prüfen, ob nicht freiheitsbeschränkende Maßnahmen anstatt freiheitsentziehender Maßnahmen ausreichen. Grundsätzlich sind freiheitsentziehende Maßnahmen nur in Ausnahmefällen angezeigt, weshalb die Regelung des §42 Abs. 5 SGB VIII letztlich auch als Klarstellung anzusehen ist, „dass eine Inobhutnahme nicht mit einer Freiheitsentziehung gleichgestellt werden darf" (Kirchhoff in: Schlegel/Voelzke, jurisPK-SGB VIII, § 42 SGB VIII RN 256).

12.3

Freiheitsentziehende und freiheitsbeschränkende Unterbringung sind streng zu unterscheiden. Maßgebend ist die Intensität der Freiheitsbeschränkung. Eine Freiheitsentziehung liegt vor, wenn jemand gegen oder ohne seinen Willen durch die öffentliche Gewalt an einem bestimmten, eng umgrenzten Ort festgehalten wird (vgl. Dürig in Maunz/Dürig, GG Art. 104 RN 6). Der Begriff der Freiheitsentziehung erfordert eine räumlich enge Begrenzung, mit der die körperlich-räumliche Bewegungsfreiheit entzogen sein muss (vgl. Dürig in Maunz/Dürig ebd. RN 7 m. w. N.).

Nach dieser Definition ist eine Freiheitsentziehung bei Minderjährigen z. B. anzunehmen, wenn diese als Heiminsassen auf einem bestimmten beschränkten Raum festgehalten werden, ihr Aufenthalt ständig überwacht und die Aufnahme von Kontakten mit Personen außerhalb des Raumes durch Sicherungsmaßnahmen verhindert wird (vgl. Grüneberg/Götz § 1631b RN 2). In der Regel stellt sich deshalb die Unterbringung eines Kindes/Jugendlichen in einem geschlossenen Heim, einer geschlossenen Anstalt, in einer geschlossenen Abteilung eines Heims oder Anstalt, bei der Einweisung in eine therapeutische Einrichtung für Alkohol- und Drogenabhängige bzw. Heil- oder Pflegeanstalt als eine Freiheitsentziehung dar (ebd.).

Freiheitsbeschränkende Maßnahmen bedürfen – soweit es um altersübliche Einschränkungen wie z. B. geregelte/begrenzte Ausgangszeiten, Verschließen des Hauses zur Nachtzeit geht – keiner gerichtlichen Genehmigung. Solche Beschränkungen zählen nicht zu Freiheitsentziehungen (ebd.).

12.4

Freiheitsentziehende Unterbringungen und nicht altersgerechte freiheitsentziehende Maßnahmen wie Fixierungen des Kindes/Jugendlichen durch Bauchgurt o. ä. bedürfen unter den im Gesetz genannten Voraussetzungen grundsätzlich der familiengerichtlichen Genehmigung, § 1631b Abs. 1 und 2 BGB.

§ 1631b BGB

Freiheitsentziehende Unterbringung und freiheitsentziehende Maßnahmen

(1) Eine Unterbringung des Kindes, die mit Freiheitsentziehung verbunden ist, bedarf der Genehmigung des Familiengerichts. Die Unterbringung ist zulässig, solange sie zum Wohl des Kindes, insbesondere zur Abwendung einer erheblichen Selbst- oder Fremdgefährdung, erforderlich ist und der Gefahr nicht auf andere Weise, auch nicht durch andere öffentliche Hilfen, begegnet werden kann. Ohne die Genehmigung ist die Unterbringung nur zulässig, wenn mit dem Aufschub Gefahr verbunden ist; die Genehmigung ist unverzüglich nachzuholen.

(2) Die Genehmigung des Familiengerichts ist auch erforderlich, wenn dem Kind, das sich in einem Krankenhaus, einem Heim oder einer sonstigen Einrichtung aufhält, durch mechanische Vorrichtungen, Medikamente oder auf andere Weise über einen längeren Zeitraum oder regelmäßig in nicht altersgerechter Weise die Freiheit entzogen werden soll. Absatz 1 Satz 2 und 3 gilt entsprechend.

Damit muss – selbst im Falle der Zustimmung des Personensorgeberechtigten zur freiheitsentziehenden Unterbringung bzw. zu (nicht altersgerechten) freiheitsentziehenden Maßnahmen des Kindes/Jugendlichen – eine familiengerichtliche Entscheidung eingeholt werden: Dies gilt sowohl für den Fall, dass die Personensorgeberechtigten die freiheitsentziehende Unterbringung veranlassen wie auch für jede Fallgestaltung der Inobhutnahme, da auch die mit Freiheitsentziehung verbundene Inobhutnahme gem. § 1631b BGB grundsätzlich der Genehmigung des Familiengerichts bedarf.

Die gem. § 1631b Abs. 1 S. 1 BGB erforderliche Genehmigung des Familiengerichts ist grundsätzlich vorher einzuholen. Nur dann, wenn mit der Zurückstellung der Unterbringung bis zur gerichtlichen Genehmigung Gefahr verbunden ist, ist die Genehmigung (nach erfolgter Unterbringung) unverzüglich nachzuholen, vgl. § 1631b Abs. 1 Satz 3 bzw. Abs. 2 S. 2 BGB.

Eine gerichtliche Entscheidung über die Fortdauer der freiheitsentziehenden Maßnahmen muss spätestens mit Ablauf des Tages, der dem Tag der Freiheitsentziehung folgt, ergehen.

13. Verfahrensrechtliche Regelungen zur freiheitsentziehenden Unterbringung bzw. bei freiheitsentziehenden Maßnahmen im Rahmen der Inobhutnahme

Gem. § 151 Nr. 6 FamFG stellt das gerichtliche Verfahren über die Genehmigung der freiheitsentziehenden Unterbringung eines Minderjährigen (bzw. der freiheitsentziehenden Maßnahme) eine Kindschaftssache dar, weshalb gem. § 167 Abs. 1 FamFG die dort genannten Verfahrensvorschriften und darüber hinaus – soweit nicht die Sonderregelungen des § 167 FamFG gelten – auch die für Unterbringungssachen nach § 312 Nr. 1 u. 2 FamFG genannten Vorschriften (§§ 312 ff. FamFG) anzuwenden sind. Hierzu zählen u. a.:

- die Verfahrensfähigkeit des betroffenen Minderjährigen, und zwar ohne Rücksicht auf seine Geschäftsfähigkeit, soweit er das 14. Lebensjahr vollendet hat, vgl. § 167 Abs. 3 FamFG, mit der Folge, dass er – wie ein Volljähriger – z. B. eigenständig Anträge stellen kann, Beschwerde einlegen kann, Verfahrenskostenhilfe beantragen kann, einen Rechtsanwalt seines Vertrauens bestellen oder Befangenheitsanträge stellen kann,

- die Bestellung eines Verfahrensbeistands für den betroffenen Minderjährigen, § 167 Abs. 1 S. 2 u. 3 i. V. m. § 317 Abs. 1 FamFG
- die gerichtliche Pflicht zur persönlichen (also mündlichen) Anhörung des Minderjährigen vor Erlass der Entscheidung sowie die Verschaffung eines persönlichen Eindrucks von dem Minderjährigen, vgl. § 167 Abs. 1 i. V. m. § 319 Abs. 1 FamFG
- die gerichtliche Pflicht zur persönlichen (also mündlichen) Anhörung
  - der Personensorgeberechtigten
  - der gesetzlichen Vertreter in persönlichen Angelegenheiten (also ggf. Vormund oder Ergänzungspfleger) sowie ebenfalls
  - ggf. der Pflegeltern, vgl. § 167 Abs. 4 FamFG
- die Gelegenheit zur Äußerung des zuständigen Jugendamts, vgl. § 167 Abs. 1 i. V. m. § 320 FamFG,
- die Einholung eines Gutachtens eines sachverständigen Arztes für Kinder- und Jugendpsychiatrie und -psychotherapie ggf. auch eines in der Heimerziehung ausgewiesenen Psychotherapeuten, Psychologen, Pädagogen oder Sozialpädagogen, vgl. § 167 Abs. 6 i. V. m. § 321 FamFG – im Falle freiheitsentziehender Maßnahmen entsprechendes ärztliches Attest.

14. Verwaltungsverfahren, Zuständigkeiten und Kosten

14.1

§ 42 Abs. 6 SGB VIII weist darauf hin, dass die Fachkräfte des Jugendamts grundsätzlich nicht (selbst) zur Anwendung unmittelbaren Zwangs befugt sind, sondern zu diesem Zweck die Polizei hinzuziehen ist. Die Regelung enthält ferner einen Hinweis auf die Möglichkeiten unmittelbaren Zwangs einschließlich der Amtshilfe, die von den Polizeibehörden zu leisten ist, um den unmittelbaren Zwang durchzusetzen.

14.2

Über die Inobhutnahme entscheidet das Jugendamt, in der Regel durch schriftlichen oder mündlichen Bescheid, sog. Verwaltungsakt, § 33 Abs. 2 S. 1 SGB X. Die Beteiligten sind vor Erlass des Verwaltungsaktes anzuhören, § 24 Abs. 1 SGB X. Allerdings kann von der Anhörung u. a. dann abgesehen werden, wenn eine sofortige Entscheidung wegen Gefahr im Verzug oder im öffentlichen Interesse notwendig erscheint, § 24 Abs. 2 Nr. 1 SGB X.

Mündliche Verwaltungsakte (bei der Inobhutnahme wegen der Dringlichkeit der Sachlage häufig notwendig) bedürfen unter den Voraussetzungen des § 33 Abs. 2 S. 2 SGB X (berechtigtes Interesse, unverzügliches Verlangen des Betroffenen) der schriftlichen Bestätigung. Die Entscheidung über die Inobhutnahme sollte aber grundsätzlich aus Gründen der Rechtssicherheit zumindest im Nachhinein schriftlich bestätigt werden. Dies gilt zumindest für eine Inobhutnahme gem. § 42 Abs. 1 S. 1 Nr. 2 SGB VIII gegen den Willen des Kindes/Jugendlichen bzw. der Personensorgeberechtigten und erst recht bei freiheitsentziehenden Maßnahmen, zumal die Inobhutnahme keiner ausdrücklichen Verfügung des Jugendamts bedarf, sondern auch konkludent erklärt werden kann. Gem. § 80 Abs. 2 und Abs. 3 VwGO ist die sofortige Vollziehbarkeit des Verwaltungsakts in der Regel anzuordnen.

14.3

Sachlich zuständig für die Inobhutnahme ist gemäß § 85 Abs. 1 SGB VIII das Jugendamt als örtlicher Träger. Örtlich zuständig ist das Jugendamt, in dessen Bereich sich die/der Minderjährige vor Beginn der Maßnahme tatsächlich aufhält, § 87 SGB VIII.

Anerkannte freie Träger können vom öffentlichen Träger der Jugendhilfe gem. § 75 SGB VIII an der Inobhutnahme, die eine hoheitliche Aufgabe darstellt, beteiligt werden. Auch ist die Übertragung der Aufgabe der Inobhutnahme „zur Ausführung" möglich. Damit können anerkannte freie Träger Aufgabenteile der Inobhutnahme, ggf. aber auch die gesamte Aufgabe der Inobhutnahme übernehmen.

14.4

Die sachliche Zuständigkeit des Familiengerichts folgt unmittelbar aus § 42 Abs. 1 und Abs. 2 SGB VIII. Diese Zuständigkeit bleibt für die Dauer der Inobhutnahme bis zur Entscheidung über den Antrag des Jugendamts gem. § 42 Abs. 3 S. 2 Nr. 2 SGB VIII bestehen.

Die örtliche Zuständigkeit des Familiengerichts ergibt sich aus § 152 Abs. 1 FamFG. Danach ist das Familiengericht örtlich zuständig, in dessen Bezirk der Minderjährige seinen gewöhnlichen Aufenthalt hat. Der „gewöhnliche" Aufenthalt des Kindes kann sich z. B. durch seinen ständigen Aufenthalt bei einem Elternteil, in einem Internat oder in einer Pflegestelle ergeben.

14.5

Über Fragen zur Rechtmäßigkeit der Inobhutnahme – also Fragen zu dem Verwaltungshandeln des Jugendamts an sich – entscheidet das Verwaltungsgericht im Rahmen eines Widerspruchs- und Klageverfahrens, §§ 68 ff. VwGO, z. B. zur Klärung der Frage, ob das Jugendamt zur Inobhutnahme berechtigt war (Kirchhoff in: jurisPK-SGB VIII Schlegel/Voelzke, § 42 SGB VIII RN 282).

15. Vorläufige Inobhutnahme von ausländischen Kindern und Jugendlichen und Begleitregelungen – im Überblick

15.1

Während § 42 SGB VIII die Inobhutnahme als „vorläufige Maßnahme“ zum Schutz von Kindern und Jugendlichen im Krisen- und Gefahrenfall regelt, verfolgen die Bestimmungen über die „vorläufige Inobhutnahme“ gem. §§ 42a ff. SGB VIII einen auf die spezielle Problemlage minderjähriger Flüchtlinge gerichteten beschränkten Klärungs- und Handlungsauftrag und ergänzen mithin die teilweise bereits bestehenden Befugnisse und Aufgaben des § 42 SGB VIII.

Die neuen Regelungen beruhen auf dem „Gesetz zur Verbesserung der Unterbringung, Versorgung und Betreuung ausländischer Kinder und Jugendlicher“, das zum 01.11.2015 in Kraft getreten ist. Mit dem Gesetz zur Bekämpfung von Kinderehen (2017) wurde § 42a Abs. 1 SGB VIII um S. 2 ergänzt. Danach ist ein ausländisches Kind oder ausländischer Jugendlicher grundsätzlich „als unbegleitet zu betrachten“, wenn die Einreise nicht in Begleitung eines Personensorge- oder Erziehungsberechtigten erfolgt, was auch für den Fall gilt, dass das Kind oder der Jugendliche verheiratet ist.

Die Regelungen konkretisieren und ergänzen letztlich die schon durch das KICK im Jahre 2005 geschaffene Pflichtaufgabe der Inobhutnahme von unbegleitet nach Deutschland einreisenden ausländischen Kindern und Jugendlichen gem. § 42 Abs. 1 Satz 1 Nr. 3 SGB VIII.

15.2

Maßgebliches Entscheidungskriterium für die „vorläufige“ Inobhutnahme (§§ 42a ff. SGB VIII) eines ausländischen Kindes/Jugendlichen ist dessen unbegleitete Einreise nach Deutschland. Ungeachtet der bereits nach § 42 SGB VIII geregelten Aufgaben wie

- vorläufige (altersentsprechende und angemessene) Unterbringung, § 42a Abs. 1 S. 3 i. V. m. § 42 Abs. 1 Satz 2 SGB VIII
- Verschaffung einer Gelegenheit zur Benachrichtigung von Vertrauenspersonen, § 42a Abs. 1 S. 3 i. V. m. § 42 Abs. 2 Satz 2 SGB VIII
- Sicherstellung des Wohls des Minderjährigen einschließlich Unterhalt und Krankenhilfe, § 42a Abs. 1 S. 3 i. V. m. § 42 Abs. 2 Satz 3 SGB VIII
- Berechtigung zu freiheitsentziehenden Maßnahmen, unmittelbarem Zwang und Amtshilfe, § 42a Abs. 1 S. 3 i. V. m. § 42 Abs. 5 und 6 SGB VIII

umfasst der Handlungsauftrag des Jugendamtes bei der „vorläufigen“ Inobhutnahme konkrete weitere Aufgaben, die sich aus den spezifischen Problemen und besonderen Schutzbedürfnissen und Bedarfslagen der unbegleitet einreisenden minderjährigen Flüchtlinge ergeben.

Zum Handlungsauftrag gehören:

- Einschätzung des Alters des minderjährigen Flüchtlings durch Einsicht in die Ausweispapiere oder durch qualifizierte Inaugenscheinnahme bzw. durch ärztliche Untersuchung zur Altersbestimmung im Zweifelsfall, § 42f Abs. 1 u. 2 SGB VIII
- Prüfung des Gesundheitszustandes im Hinblick auf das Verteilungsverfahren, § 42a Abs. 2 Nr. 4 SGB VIII
- Klärung, ob die Durchführung des Verteilungsverfahrens mit dem Ziel der Verlegung des Minderjährigen in ein anderes Bundesland nach den Kriterien der §§ 42a Abs. 2, 42b SGB VIII (z. B. Gesundheitszustand, Geschwisterbindung, Verwandtenzusammenführung) das Wohl des Minderjährigen gefährden würde, § 42a Abs. 2 Satz 1 Nr. 1 SGB VIII
- Durchführung erkennungsdienstlicher Maßnahmen, wenn Zweifel über die Identität bestehen, § 42a Abs. 3a SGB VIII
- Mitteilung der erforderlichen Daten (bei der Unterbringung im Rahmen des Verteilungsverfahrens) an das zuständige Jugendamt einschließlich Begleitung/Übergabe des Minderjährigen, § 42a Abs. 5 Satz 1 SGB VIII
- Klärung, ob sich verwandte Personen im Inland oder Ausland aufhalten und ob eine Familienzusammenführung in Betracht kommt, § 42a Abs. 2 Satz 1 Nr. 2, 3 i. V. m. Abs. 5 Satz 2 SGB VIII
- Prüfung gemeinsamer Inobhutnahme mit anderen minderjährigen Flüchtlingen bzw. Geschwistern, § 42a Abs. 2 Satz 1 Nr. 3 i. V. m. § 42b Abs. 5 SGB VIII
- Mitteilung/Anmeldung der vorläufigen Inobhutnahme des Kindes/Jugendlichen an die Landesverteilstelle, § 42a Abs. 4 i. V. m. § 42b SGB VIII.

Für die o. g. Einschätzungen, Klärungen, Prüfungen und Mitteilungen des Jugendamtes ist eine Frist von sieben (!) Werktagen nach Beginn der Maßnahme vorgesehen, § 42a Abs. 4 Satz 1 SGB VIII, also ein relativ kurzer zeitlicher Handlungsrahmen.

15.3

Während der „vorläufigen“ Inobhutnahme ist das Jugendamt zur Vornahme aller – zum Wohl des Minderjährigen notwendigen – Rechtshandlungen berechtigt und verpflichtet, wobei der minderjährige Flüchtling zu beteiligen und der mutmaßliche Wille der Personensorge- bzw. Erziehungsberechtigten angemessen zu berücksichtigen ist, § 42a Abs. 3 SGB VIII. Die Bestellung eines Vormunds/Pflegers ist im Rahmen der „vorläufigen" Inobhutnahme nicht explizit vorgesehen. Der Gesetzgeber sah mit Rücksicht auf die öffentlich – rechtliche Kompetenz zur Vertretung der minderjährigen Flüchtlinge gem. §§ 42a Abs. 3, 42 Abs. 2 Satz 4 SGB VIII eine lückenlose Vertretung des unbegleiteten minderjährigen Flüchtlings bis zur Bestellung eines Vormunds/Pflegers sichergestellt. Das Zuweisungsjugendamt (also das Jugendamt der anschließenden regulären Inobhutnahme) sei gem. § 42 Abs. 3 Satz 4 SGB VIII verpflichtet, „unverzüglich" nach Verteilung des minderjährigen Flüchtlings die Bestellung eines Vormunds/Pflegers durch das Familiengericht zu veranlassen. Dies habe aufgrund der Ausschlussfrist nach § 42b Abs. 4 Nr. 4 SGB VIII jedenfalls spätestens einen Monat nach der „vorläufigen" Inobhutnahme zu erfolgen (BT-Drucks. 349/15 S. 22).

15.4

An den Aufgaben des zu bestellenden Vormunds/Pflegers hat sich auch durch das Gesetz zur besseren Durchsetzung der Ausreisepflicht (2017), mit dem § 42 Abs. 2 SGB VIII um S. 5 erweitert wurde, der die Verpflichtung des Jugendamts zur unverzüglichen Stellung eines Asylantrages bei unbegleitet einreisenden Minderjährigen vorsieht (ebd.), im Grundsatz nichts geändert. Die Verpflichtung zur unverzüglichen Stellung eines Asylantrages entsteht mit/nach der Inobhutnahme (§ 42 SGB VIII), die wiederum eine Beendigung der vorläufigen Inobhutnahme (§ 42a ff. SGB VIII) voraussetzt. Bis zur Beendigung der vorläufigen Inobhutnahme ist allerdings das Aufnahmejugendamt zu allen notwenigen Rechtshandlungen berechtigt und verpflichtet (§ 42a Abs. 3 SGB VIII): Hierzu kann damit auch die Notwendigkeit eines eilbedürftigen Asylantrags oder eines Antrags zur (rechtlichen) Aufenthaltssicherung gehören (vgl. Bundesfachverband unbegleitete minderjährige Flüchtlinge, „Hinweise zur Umsetzung von § 42 Abs. 2 S. 5 SGB VIII …", Berlin, Oktober 2017 mit Verweis auf die Gesetzesbegründung: „kurzfristige Maßnahmen zur rechtlichen Aufenthaltssicherung").

15.5

Die vorläufige Inobhutnahme endet

- mit der Übergabe des Kindes/Jugendlichen an die Personensorge-/Erziehungsberechtigten oder
- mit der Übergabe an das durch die Zuweisungsentscheidung bestimmte Jugendamt und die dortige reguläre Inobhutnahme bzw.
- mit der Entscheidung und Anzeige über den Ausschluss des Verteilungsverfahrens und Verbleib des minderjährigen Flüchtlings im aufnehmenden

Jugendamt durch Überführung in die reguläre Inobhutnahme, §§ 42a Abs. 6, 42b Abs. 4 SGB VIII.

Zuständig für die „vorläufige" Inobhutnahme ist das Jugendamt des Ortes, an dem die unbegleitete Einreise des ausländischen Minderjährigen erstmals bemerkt bzw. festgestellt wird, § 88a Abs. 1 SGB VIII.

15.6

Neben den zuvor erörterten Neuerungen wurde die Altersgrenze in asyl- und ausländerrechtlichen Verfahren von 16 auf 18 Jahre angehoben, § 12 AsylG bzw. § 80 AufenthaltG, um auch für die ausländischen Minderjährigen in dieser Altersgruppe den Vorrang des Kinder- und Jugendhilferechts zu betonen. Für die Vornahme von Verfahrenshandlungen nach dem Staatsangehörigkeitsgesetz verblieb es bei der Verfahrenshandlungsfähigkeit ab Vollendung des 16. Lebensjahres, § 37 Abs. 1 StAG.

§ 12 AsylG
Handlungsfähigkeit

(1) Fähig zur Vornahme von Verfahrenshandlungen nach diesem Gesetz ist ein volljähriger Ausländer, sofern er nicht nach Maßgabe des Bürgerlichen Gesetzbuches geschäftsunfähig oder in dieser Angelegenheit zu betreuen und einem Einwilligungsvorbehalt zu unterstellen wäre.
(2) Bei der Anwendung dieses Gesetzes sind die Vorschriften des Bürgerlichen Gesetzbuches dafür maßgebend, ob ein Ausländer als minderjährig oder volljährig anzusehen ist. Die Geschäftsfähigkeit und die sonstige rechtliche Handlungsfähigkeit eines nach dem Recht seines Heimatstaates volljährigen Ausländers bleiben davon unberührt.
(3) Im Asylverfahren ist vorbehaltlich einer abweichenden Entscheidung des Familiengerichts jeder Elternteil zur Vertretung eines minderjährigen Kindes befugt, wenn sich der andere Elternteil nicht im Bundesgebiet aufhält oder sein Aufenthaltsort im Bundesgebiet unbekannt ist.

III. Mitwirkung des Jugendamts in Verfahren vor den Familiengerichten, § 50 SGB VIII

1. Einleitung und Überblick

Im Rahmen eines familiengerichtlichen Verfahrens setzt die wirksame Hilfestellung für Eltern und Kinder zwischen Jugendamt und Gericht die Wahrnehmung der gegenseitigen Aufgabenbereiche sowie die Bereitschaft zu einer inhaltlich qualitativen Zusammenarbeit voraus, die allerdings geprägt ist von den gesetzlich normierten – unterschiedlichen – Aufgabenstellungen.

Durch die Mitwirkungsvorschriften ist das Jugendamt im familiengerichtlichen Verfahren auf vielfältige Weise eingebunden. Dies soll letztlich insbesondere auch der Optimierung der gerichtlichen Entscheidung dienen. Gleichwohl nimmt das Jugendamt seine Mitwirkungsaufgaben als eigene Aufgaben wahr und unterliegt insoweit keinerlei familiengerichtlichen Weisungen. Die Unterstützungstätigkeit des Jugendamts bezieht sich auf alle Maßnahmen des Familiengerichts, die die Sorge für die Person von Kindern und Jugendlichen betreffen. Zum Zwecke der Mitwirkung und Unterstützung hat das Gericht das Jugendamt vor seiner Entscheidung deshalb grundsätzlich anzuhören.

Die Jugendhilfe umfasst gemäß § 2 Abs. 1 SGB VIII „Leistungen" und „andere Aufgaben" zu Gunsten junger Menschen und Familien. Zu den „anderen Aufgaben" gehört gem. § 2 Abs. 3 Nr. 6 SGB VIII die „Mitwirkung in Verfahren vor den Familiengerichten", also die in § 50 SGB VIII bezeichneten Aufgaben.

Für die inhaltliche Mitwirkungstätigkeit des Jugendamts in den fraglichen gerichtlichen Verfahren ist mit der Gesetzesbegründung davon auszugehen, dass das Jugendamt nur in Erfüllung eigener Aufgaben, und nicht etwa in Erfüllung gerichtlicher Aufgaben handelt. Das heißt, dass das Jugendamt nicht für das Gericht, sondern für sich selbst bzw. in eigener Verantwortung für die ihm übertragenen Aufgaben (vgl. §§ 1, 50 SGB VIII) tätig wird.

Die Gesetzesbegründung stellt deshalb zu § 50 SGB VIII fest, „dass das Jugendamt Teil der Verwaltung einer Gebietskörperschaft und damit Träger einer öffentlichen Verwaltung ist. Deren Aufgaben ergeben sich unmittelbar aus dem Gesetz. Soweit dort keine hinreichenden Befugnisnormen vorgesehen sind, kann das Jugendamt nicht durch ein Gericht zum Tätigwerden ermächtigt oder verpflichtet werden. Aufgabe des Jugendamts kann es deshalb auch nicht sein, gerichtliche Anordnungen auszuführen, sofern es sich dabei nicht um ein Verpflichtungsurteil im Rahmen der gerichtlichen Kontrolle der Verwaltung innerhalb des dafür vorgesehenen Rechtsweges handelt (z. B. § 113 Abs. 4 VwGO).

Die Aufgabe des Jugendamts kann nur darin bestehen, seine eigenen gesetzlichen Aufgaben im Rahmen der dafür vorgesehenen Befugnisse zu erfüllen. Aus diesem Verständnis kann Mitwirkung im gerichtlichen Verfahren nur Erfüllung eigener Aufgaben, nicht etwa Erfüllung gerichtlicher Aufgaben sein, da es sonst zu einer unzulässigen Vermischung unterschiedlicher Staatsfunktionen käme" (vgl. im Einzelnen BT-Drucksache 11/5948, Seite 86 und 87).

2. Bedeutung der Mitwirkung aus Sicht der Gesetzgebung

Zum Inhalt der „Mitwirkungs- bzw. „Unterstützungspflicht" des Jugendamts erläutert bzw. verdeutlicht die Gesetzesbegründung ergänzend: „Die Vorschrift konkretisiert die Aufgabe der Mitwirkung des Jugendamtes im Hinblick auf eine fachliche Unterstützung der richterlichen Entscheidungsfindung. Die genannten Tätigkeiten sollen sicherstellen, dass in der gerichtlichen Entscheidung die Möglichkeiten der (Jugend-)Hilfe berücksichtigt werden können. Zudem soll das Jugendamt – je nach Erforderlichkeit – fachliche Gesichtspunkte zur Geltung bringen, die für die weitere Entwicklung des Kindes oder des Jugendlichen wichtig sein können. Da der vom Gericht auszulegende Begriff des Kindeswohls nach neueren Erkenntnissen nicht statisch, sondern dynamisch zu verstehen ist, kommt der Perspektive weiterer Hilfemöglichkeiten besondere Bedeutung zu. (...) Der Interventionsbedarf ist von Seiten des Jugendamts nach pflichtgemäßem Ermessen zu klären" (vgl. BT-Drucksache 11/5948, Seite 88).

Damit ist bzgl. der „Zusammenarbeit" von Jugendamt und Gericht nach dem dokumentierten gesetzgeberischen Willen u. a. festzustellen:

- dass es keinerlei „Weisungskompetenzen" des FamG gegenüber dem Jugendamt gibt, und zwar weder im Hinblick auf seine inhaltliche Mitwirkungstätigkeit noch im Hinblick auf Form und Zeitraum der Erbringung von Leistungen, insbesondere also keine Fristsetzungen u. ä. durch das Gericht,
- dass keine Verpflichtung oder zwingende Veranlassung zu Entscheidungsvorschlägen des Jugendamts im Rahmen der Mitwirkung im gerichtlichen Verfahren besteht,
- dass „Ladungen" von bestimmten Mitarbeitern des Jugendamts bzw. „Anordnungen des persönlichen Erscheinens" von Mitarbeitern des Jugendamts unzulässig und gesetzlich nicht gedeckt sind (die förmliche Ladung als Zeuge unterliegt anderen rechtlichen Grundlagen und Voraussetzungen),
- dass das Gericht in Verfahren, die die Person des Kindes betreffen, gemäß § 162 FamFG zur Anhörung des Jugendamts verpflichtet ist.

3. Unterstützung und Mitwirkung des Jugendamts gem. § 50 Abs. 1 SGB VIII

3.1

Die Unterstützungspflicht des Jugendamts bezieht sich auf alle Maßnahmen des Familiengerichts, die die „Sorge für die Person von Kindern und Jugendlichen" betreffen, vgl. § 50 Abs. 1 S. 1 SGB VIII. Da die „Unterstützung" (ebensowenig die Maßnahmen) inhaltlich nicht näher umschrieben ist, ist sie im Grundsatz umfassender zu verstehen, als die in § 50 Abs. 1 S. 2 SGB VIII geregelte „Mitwirkungspflicht", die sich auf die dort aufgeführten Verfahren, vgl. Nr. 1 bis Nr. 5 bezieht (FK-SGB VIII/Trenczek: in § 50 RN 8).

§ 50 SGB VIII

Mitwirkung in Verfahren vor den Familiengerichten

(1) Das Jugendamt unterstützt das Familiengericht bei allen Maßnahmen, die die Sorge für die Person von Kindern und Jugendlichen betreffen. Es hat in folgenden Verfahren nach dem Gesetz über das Verfahren in Familiensachen und in den Angelegenheiten der freiwilligen Gerichtsbarkeit mitzuwirken:

1. Kindschaftssachen (§ 162 des Gesetzes über das Verfahren in Familiensachen und in den Angelegenheiten der freiwilligen Gerichtsbarkeit),
2. Abstammungssachen (§ 176 des Gesetzes über das Verfahren in Familiensachen und in den Angelegenheiten der freiwilligen Gerichtsbarkeit),
3. Adoptionssachen (§ 188 Absatz 2, §§ 189, 194, 195 des Gesetzes über das Verfahren in Familiensachen und in den Angelegenheiten der freiwilligen Gerichtsbarkeit),
4. Ehewohnungssachen (§ 204 Absatz 2, § 205 des Gesetzes über das Verfahren in Familiensachen und in den Angelegenheiten der freiwilligen Gerichtsbarkeit) und
5. Gewaltschutzsachen (§§ 212, 213 des Gesetzes über das Verfahren in Familiensachen und in den Angelegenheiten der freiwilligen Gerichtsbarkeit).

(2) Das Jugendamt unterrichtet insbesondere über angebotene und erbrachte Leistungen, bringt erzieherische und soziale Gesichtspunkte zur Entwicklung des Kindes oder des Jugendlichen ein und weist auf weitere Möglichkeiten der Hilfe hin. In Verfahren nach den §§ 1631b, 1632 Absatz 4, den §§ 1666, 1666a und 1682 des Bürgerlichen Gesetzbuchs sowie in Verfahren, die die Abänderung, Verlängerung oder Aufhebung von nach diesen Vorschriften getroffenen Maßnahmen betreffen, legt das Jugendamt dem Familiengericht den Hilfeplan nach § 36 Absatz 2 Satz 2 vor. Dieses Dokument beinhaltet ausschließlich das Ergebnis der Bedarfsfeststellung, die vereinbarte Art der Hilfegewährung einschließlich der hiervon umfassten Leistungen sowie das Ergebnis etwaiger Überprüfungen dieser Feststellungen. In anderen die Person des Kindes betreffenden Kindschaftssachen legt das Jugendamt den Hilfeplan auf Anforderung des Familiengerichts vor. Das Jugendamt informiert das Familiengericht in dem Termin nach § 155 Absatz 2 des Gesetzes über das

Verfahren in Familiensachen und in den Angelegenheiten der freiwilligen Gerichtsbarkeit über den Stand des Beratungsprozesses. § 64 Absatz 2 und § 65 Absatz 1 Satz 1 Nummer 1 und 2 bleiben unberührt.

(3) Das Jugendamt, das in Verfahren zur Übertragung der gemeinsamen Sorge nach § 155a Absatz 4 Satz 1 und § 162 des Gesetzes über das Verfahren in Familiensachen und in den Angelegenheiten der freiwilligen Gerichtsbarkeit angehört wird, teilt

1. rechtskräftige gerichtliche Entscheidungen, aufgrund derer die Sorge gemäß § 1626a Absatz 2 Satz 1 des Bürgerlichen Gesetzbuchs den Eltern ganz oder zum Teil gemeinsam übertragen wird oder
2. rechtskräftige gerichtliche Entscheidungen, die die elterliche Sorge ganz oder zum Teil der Mutter entziehen oder auf den Vater allein übertragen,

dem nach § 87c Absatz 6 Satz 2 zuständigen Jugendamt zu den in § 58 genannten Zwecken unverzüglich mit. Mitzuteilen sind auch das Geburtsdatum und der Geburtsort des Kindes oder des Jugendlichen sowie der Name, den das Kind oder der Jugendliche zur Zeit der Beurkundung seiner Geburt geführt hat.

Inhaltlich umfasst die Unterstützung gem. § 50 Abs. 1 S. 1 SGB VIII die „allgemeine, gesetzlich nicht näher definierte Aufgabe des Jugendamts“ (ebd. RN 10), dem Familiengericht in allen „Angelegenheiten und Maßnahmen“, die die Sorge für die Person von Kindern und Jugendlichen betreffen, in „unterschiedlichen Handlungsformen (z. B. Beratung des Gerichts, Gewährung von Hilfeleistungen, Förderung einvernehmlicher Regelungen)“ Hilfestellung zu leisten, allerdings ohne Art und Weise der Unterstützung festzulegen (ebd. RN 10, 11). Wie das Jugendamt seine Pflicht fachgerecht erfüllt, ist ihm überlassen, entscheidend sind fachliche Standarts (ebd. RN 11).

3.2

Die Pflicht des Jugendamts zur „Mitwirkung“ in den genannten gerichtlichen Verfahren bedeutet, „den sozialrechtlichen und sozialpädagogischen Sachverstand (...) gemäß den fachlichen Standarts (...) in das familiengerichtliche Verfahren einzubringen und zur Geltung zu bringen“ (ebd. 12). Das Gesetz verdeutlicht dies in verfahrensrechtlicher Hinsicht durch Aufzählung der fraglichen Verfahren gem. § 50 Abs. 1 S. 2 Nr. 1 bis 5 SGB VIII.

Inwieweit sich „Unterstützung“ und „Mitwirkung“ nach der Aktualisierung des § 50 Abs. 1 S. 2 SGB VIII durch das FamFG (mit seiner erweiterten Definition der „Verfahren, die die Person des Kindes“ betreffen) im Einzelnen inhaltlich unterscheiden, mag letztlich auf sich beruhen: Nach der Gesetzesbegründung zu der hier erörterten Regelung waren offensichtlich Abgrenzung und Eigenständigkeit von Jugendamt und Gericht (mit ihren jeweiligen gesetzlich zuggewiesenen Aufgaben) von größerer Bedeutung, als begrifflich-inhaltliche Wertungen zwischen den Begriffen „Unterstützung“ und „Mitwirkung“ (BT-Drucks. 11/5948 S. 87 ff.).

So wurde der Hinweis auf die gesetzlichen Vorschriften in § 50 Abs. 1 S. 2 SGB VIII (seinerzeit Hinweis auf FGG-Vorschriften, die ihrerseits Vorgängervorschriften zum jetzigen FamFG waren) damit begründet, dass „die dort normierte richterliche Anhörungspflicht für das Jugendamt Anlaß sein muß, zu prüfen, inwieweit hier ein fachgerechtes Hilfe- bzw. Leistungsangebot – im Hinblick auf möglicherweise erforderliche Hilfeinterventionen zugunsten des betroffenen Kindes oder Jugendlichen, aber auch im Hinblick auf Hilfestellungen zugunsten einvernehmlicher oder zumindest möglichst wenig verletzender Konfliktlösungen im gerichtlichen Verfahren – erfolgen muß" (ebd. S. 87). Zudem wurde (unter Verweis auf die Gesetzesbegründung zu den damaligen Vorgängervorschriften) erläuternd hervorgehoben, dass „die entsprechenden Vorschriften die Grundlage für ein ständiges und fruchtbares Zusammenwirken des Vormundschaftsgerichts (heute: Famililiengericht) und des Jugendamts auf dem Gebiet der Fürsorge für die Person (heute: Kinder- und Jugendhilfe) bilden (sollten)" (ebd.). Schließlich verweist die Gesetzesbegründung zu der (i. Ü. inhaltlich unverändert gebliebenen) Regelung des § 50 Abs. 2 S. 1 SGB VIII im Hinblick auf die Unterrichtungsinhalte zur fachlichen Unterstützung der richterlichen Entscheidungsfindung darauf, dass „die genannten Tätigkeiten (gemeint sind die Tätigkeitsinhalte des Abs. 2 S. 1, der Verf.) sicherstellen (sollen), daß in der gerichtlichen Entscheidung die Möglichkeiten der (Jugend-) Hilfe berücksicht werden können" (ebd. S. 88), sowie darauf, dass „der Interventionsbedarf (…) von seiten des Jugendamts nach pflichtgemäßem Ermessen zu klären (ist)" (ebd.). Damit sind die Aufgaben von „Unterstützung" und „Mitwirkung" auch für das heutige Verständnis hinreichend aussagekräftig umschrieben und konturiert.

Die vom Gesetzgeber in § 50 Abs. 2 S. 1 SGB VIII vorgenommene einheitliche inhaltliche Aufgabenbeschreibung lässt weiterhin den Schluß zu, dass Unterstützung und Mitwirkung auf das gleiche (inhaltliche) Ziel gerichtet sind, die gerichtliche Entscheidung aus Sicht des Jugendamts fachlich zu optimieren. Dabei legt das Gesetz die Art und Weise der Aufgabenwahrnehmung dahingehend fest, dass „es die Unterrichtung des Gerichts über angebotenen und erbrachte Leistungen sowie das Erbringen der erzieherischen und soziale Gesichtspunkte zur Entwicklung des Kindes bzw. Jugendlichen exemplarisch hervorhebt" (Trenczek ebd. RN 18).

Im Ergebnis ist festzuhalten, dass die Aufgabenstellung des Jugendamts bei „allen Maßnahmen, die die Sorge für die Person von Kindern und Jugendlichen betreffen" (Unterstützung gem. § 50 Abs. 1 S. 1 SGB VIII) und bei den genannten bzw. hervorgehobenen familiengerichtlichen Verfahren (Mitwirkung in FamFG-Verfahren gem. § 50 Abs. 1 S. 2 SGB VIII) letztlich deckungsgleich ist: Im Fall der Unterstützung des Familiengerichts ist die Aufgabe jedenfalls gesetzlich geboten, im Fall der Mitwirkung ist die Aufgabe allerdings zu einer konkretisierten Pflicht erhoben und entsprechend verdeutlicht (ähnlich: Berneiser/Diehl in LPK-SGB VIII § 50 RN 29, 30).

4. Die Mitwirkung des Jugendamts in Kindschaftssachen

§ 50 Abs. 1 S. 2 SGB III verweist in Nr. 1 bis Nr. 5 auf die Mitwirkungspflicht des JA in bestimmten, dort näher bezeichneten Verfahren.

4.1

Hierzu zählen nach § 50 Abs. 1 S. 2 Nr. 1 SGB VIII zunächst die Kindschaftssachen mit Hinweis auf die in § 162 FamFG genannten Verfahren, die wiederum die „Person des Kindes" betreffen.

§ 162 FamFG legt – im Gegenzug zur Mitwirkungspflicht des § 50 Abs. 1 S. 2 SGB VIII – die gerichtliche Pflicht fest, das Jugendamt an allen Verfahren, die die Person des Kindes betreffen, „anzuhören", wobei die Regelung bewusst und in Anlehnung an § 50 Abs. 1 SGB VIII nur die prinzipielle Anhörungspflicht des Gerichts erfasst.

§ 162 FamFG
Mitwirkung des Jugendamts

(1) Das Gericht hat in Verfahren, die die Person des Kindes betreffen, das Jugendamt anzuhören. Unterbleibt die Anhörung wegen Gefahr im Verzug, ist sie unverzüglich nachzuholen.
(2) In Verfahren nach den §§ 1666 und 1666a des Bürgerlichen Gesetzbuchs ist das Jugendamt zu beteiligen. Im Übrigen ist das Jugendamt auf seinen Antrag am Verfahren zu beteiligen.
(3) In Verfahren, die die Person des Kindes betreffen, ist das Jugendamt von Terminen zu benachrichtigen und ihm sind alle Entscheidungen des Gerichts bekannt zu machen. Gegen den Beschluss steht dem Jugendamt die Beschwerde zu.

Insoweit führt die entsprechende Gesetzesbegründung aus: „Verfahren, die die Person des Kindes betreffen, sind nicht nur solche, die die elterliche Sorge oder die Personensorge betreffen, sondern auch alle sonstigen Kindschaftssachen, die das Kind betreffen und nicht ausschließlich vermögensrechtlicher Art sind. Dies können auch Kindschaftssachen nach § 151 Nr. 4 bis 7 sein. Daraus ergibt sich eine gewisse Erweiterung der von der Anhörungspflicht umfassten Verfahren" (BT-Drucks. 16/6308 S. 241).

Verfahren, die ausschließlich vermögensrechtlicher Art sind, also z. B. solche über Kindesunterhalt, Kindesvermögen in jedweder Form und dessen Verwaltung (z. B. unzulässiger Verbrauch von dem Kind zustehenden Erbschaften), gehören nicht hierzu.

Zu den „Kindschaftssachen" – also namentlich Verfahren, die das Kindeswohl und die elterliche Erziehungsverantwortung betreffen und nicht gesondert in einer anderen Verfahrensgruppe im FamFG geregelt sind (FK-SGB VIII/

Hoffmann/Trenczek in: Anhang II RN 27 m. w. N.), gehören die gem. § 151 FamFG im Einzelnen definierten Verfahren.

§ 151 FamFG
Kindschaftssachen

Kindschaftssachen sind die dem Familiengericht zugewiesenen Verfahren, die

1. die elterliche Sorge,
2. das Umgangsrecht und das Recht auf Auskunft über die persönlichen Verhältnisse des Kindes,
3. die Kindesherausgabe,
4. die Vormundschaft,
5. die Pflegschaft oder die gerichtliche Bestellung eines sonstigen Vertreters für einen Minderjährigen oder für ein bereits gezeugtes Kind,
6. die Genehmigung von freiheitsentziehender Unterbringung und freiheitsentziehenden Maßnahmen nach § 1631b des Bürgerlichen Gesetzbuchs, auch in Verbindung mit § 1795 Absatz 1 Satz 3 und § 1813 Absatz 1 des Bürgerlichen Gesetzbuchs,
7. die Genehmigung oder Anordnung einer freiheitsentziehenden Unterbringung, freiheitsentziehenden Maßnahme oder ärztlichen Zwangsmaßnahme bei einem Minderjährigen nach den Landesgesetzen über die Unterbringung psychisch Kranker oder
8. die Aufgaben nach dem Jugendgerichtsgesetz

betreffen.

Unter Verfahren über die elterliche Sorge (§ 50 Abs. 1 S. 2 Nr. 1 SGB VIII i. V. m. § 151 Nr. 1 FamFG) versteht man insbesondere (hier nur auszugsweise) Verfahren nach

- § 1671 BGB (Regelung der elterlichen Sorge bei Getrenntleben der Eltern bei gemeinsamer elterlicher Sorge)
- § 1674 BGB (Ruhen der elterlichen Sorge bei tatsächlichem Hindernis des Elternteils)
- § 1687b Abs. 3 BGB (Regelung der sorgerechtlichen Befugnis eines Stiefelternteils)
- §§ 1666, 1666a BGB (Verfahren wegen gerichtlicher Maßnahmen bei Gefährdung des Kindeswohls)
- § 1628 BGB (gerichtliche Entscheidung bei Meinungsverschiedenheiten der Eltern)
- §§ 1626a BGB, (elterliche Sorge nicht verheirateter Eltern)
- § 1696 BGB (familiengerichtliche Abänderungsentscheidungen)
- § 1630 Abs. 3 BGB (Verfahren bei Problemen der elterlichen Sorge bei Pflegerbestellung bzw. Familienpflege).

Bei den genannten Verfahren handelt es sich um die mit weitem Abstand häufigsten Sorgerechtsverfahren in der gerichtlichen Praxis. Weniger bedeutsame Sorgerechtsverfahren sind solche nach dem Namensänderungsgesetz, entsprechende Verfahren nach dem Lebenspartnerschaftsgesetz bzw. nach dem Asylverfahrensgesetz.

Bei den das Umgangsrecht betreffenden Verfahren (§ 50 Abs. 1 S. 2 Nr. 1 SGB VIII i. V. m. § 151 Nr. 2 FamFG) geht es in erster Linie um die Verfahren gem.

- § 1684 BGB (Umgangsregelungsverfahren zwischen Eltern und Kind)
- § 1685 BGB (Umgangsregelungsverfahren zwischen dem Kind und anderen Bezugspersonen wie Großeltern und Geschwister)
- § 1686 BGB (Verfahren über die Auskunft über die persönlichen Verhältnisse des Kindes gegenüber einem Elternteil)
- § 1632 Abs. 2 BGB (Verfahren über die Bestimmung des Umgangs mit Dritten).

Verfahren bzgl. der Kindesherausgabe (§ 50 Abs. 1 S. 2 Nr. 1 SGB VIII i. V. m. § 151 Nr. 3 FamFG) sind im Wesentlichen Verfahren nach

- § 1632 Abs. 1, 3 und 4 BGB (Verfahren über die Herausgabe des Kindes bzw. die Anordnung des Verbleibens des Kindes bei Herausgabeverlangen)
- § 1682 BGB (Verfahren über die Verbleibensanordnung zu Gunsten von elterlichen Bezugspersonen).

Bei den die Vormundschaft betreffenden Verfahren (§ 50 Abs. 1 S. 2 Nr. 1 SGB VIII i. V. m. § 151 Nr. 4 FamFG) handelt es sich um Verfahren, bei denen die Person des Kindes bzw. die Rechte oder Pflichten des Vormundes im Vordergrund stehen. Neben der Anordnung der Vormundschaft gehören hierzu auch Auswahl und Bestellung des Vormundes, Aufsicht über den Vormund, mit Ausnahme der im Sachzusammenhang mit der Vormundschaft gem. § 1751 BGB (Amtsvormundschaft des Jugendamts nach Einwilligung des Elternteils in die Annahme des Kindes) stehenden Maßnahmen, §§ 1773 ff. BGB.

Zu den Verfahren, die die Pflegschaft oder die gerichtliche Bestellung eines sonstigen Vertreters für einen Minderjährigen oder für eine Leibesfrucht betreffen (§ 50 Abs. 1 S. 2 Nr. 1 SGB VIII i. V. m. § 151 Nr. 5 FamFG) zählt insbesondere die Ergänzungspflegschaft gem. § 1809 BGB, sowie die Umgangspflegschaft gem. § 1684 Abs. 3 S. 3 BGB.

Verfahren über die Genehmigung der freiheitsentziehenden Unterbringung oder von freiheitsentziehenden Maßnahmen gem. § 1631b BGB (vgl. § 50 Abs. 1 S. 2 Nr. 1 SGB VIII i. V. m. § 151 Nr. 6 FamFG) betreffen die mit Freiheitsentziehung verbundene Unterbringung eines Kindes/Jugendlichen bzw. freiheitsentziehende

Maßnahmen bei einem Minderjährigen durch seinen gesetzlichen Vertreter (also Eltern, Vormund oder Pfleger).

Verfahren über die Genehmigung oder Anordnung der freiheitsentziehenden Unterbringung, freiheitsentziehenden Maßnahme oder ärztlichen Zwangsmaßnahme bei einem Minderjährigen nach den Landesgesetzen über die Unterbringung psychisch Kranker (vgl. § 50 Abs. 1 S. 2 Nr. 1 SGB VIII i. V. m. § 151 Nr. 7 FamFG) gehören schließlich ebenso zu den Kindschaftssachen wie Verfahren, die die Aufgaben nach dem Jugendgerichtsgesetz betreffen (vgl. § 50 Abs. 1 S. 2 Nr. 1 SGB VIII i. V. m. § 151 Nr. 8 FamFG). Bei Letzteren geht es um die Festsetzung von Erziehungsmaßregeln durch das Familiengericht gem. §§ 9, 53, 104 Abs. 4 JGG, als Rechtsfolge einer Straftat des Jugendlichen.

Nicht unerwähnt bleiben darf die Unterstützungs- und Mitwirkungstätigkeit (im Rahmen „unbenannter" Kindschaftssachen) bei der Vollstreckung von Entscheidungen über die Regelung des Umgangs oder die Herausgabe von Personen gem. § 88 Abs. 2 FamFG, bei denen das Jugendamt dem Gericht „in geeigneten Fällen Unterstützung" zu leisten hat.

4.2

In den zuvor erwähnten Kindschaftssachen des § 151 FamFG hat das Familiengericht gem. § 162 Abs. 1 FamFG das Jugendamt anzuhören. Nach dem Gesetz ist das Gericht zur Anhörung des Jugendamts grundsätzlich verpflichtet. Die Anhörungspflicht betrifft sämtliche Verfahren, die die Person des Kindes betreffen (Dutta/Jacoby/Schwab/Lack, § 162 RN 2) Unterbleibt die Anhörung wegen Gefahr im Verzug, z. B. weil der unverzügliche Erlass einer einstweiligen Anordnung geboten ist oder ein sonstiger dringender Handlungsbedarf besteht (vgl. § 1802 Abs. 2 S. 3 i. V. m. § 1867 BGB – z. B. erforderliche Maßnahmen im Eilfall durch das Familiengericht, weil der Vormund verhindert oder noch nicht bestellt ist), ist die Anhörung unverzüglich nachzuholen, § 162 Abs. 1 S. 2 FamFG. Entscheidend ist, ob durch die Anhörung eine umgehend zu treffende gerichtliche Entscheidung sachwidrig verzögert würde.

Durch die Anhörung wird das Jugendamt in das gerichtliche Verfahren einbezogen, was auf Seiten des Jugendamts dessen Unterstützungs- und Mitwirkungspflicht auf der Grundlage des § 50 SGB VIII auslöst. Unterstützung und Mitwirkung sind insoweit mithin zwingend. Die Anhörung muss grundsätzlich vor der gerichtlichen Entscheidung erfolgen – im Ausnahmefall unverzüglich im Anschluss an die Entscheidung. Nur so kann die Fachlichkeit des Jugendamts bei der gerichtlichen Entscheidung hinreichend genutzt bzw. einbezogen werden.

4.3
Neben der Anhörungsvorschrift des § 162 Abs. 1 FamFG verweist § 162 Abs. 2 S. 1 FamFG darauf, dass das Jugendamt in Verfahren nach §§ 1666 und 1666a BGB (grundsätzlich) zu „beteiligen“ ist, wobei die Beteiligungspflicht sich nur auf die genannten Verfahren bezieht. I. Ü., also in allen anderen die Person des Kindes betreffenden Verfahren, ist das Jugendamt nur auf seinen Antrag an dem Verfahren zu „beteiligen“, § 162 Abs. 2 S. 2 FamFG.

Im Fall einer Beteiligung nach § 162 Abs. 2 S. 1 FamFG handelt es sich um eine sog. „Muss-Beteiligung“, bei der die Hinzuziehung durch das Familiengericht (zwingend) von Amts wegen erfolgt, während in allen sonstigen, die Person des Kindes betreffenden Verfahren die Hinzuziehung gem. § 162 Abs. 2 S. 2 FamFG von einem Antrag des Jugendamts abhängig ist, weshalb man hier von einer sog. „Kann-Beteiligung“ spricht. Folge der sog. Kann-Beteiligung ist die Wahlmöglichkeit des Jugendamtes, inwieweit es auf das gerichtliche Verfahren Einfluß nehmen will.

Die Regelungen über die Verfahrensbeteiligung auf Antrag, also die Beteiligung kraft Hinzuziehung bzw. Beteiligung von Amts wegen, beruhen auf § 7 Abs. 2 Nr. 2 FamFG. Insoweit ist zu beachten, dass § 7 Abs. 6 FamFG darauf hinweist, dass die Anhörung nach § 162 Abs. 1 FamFG (für sich genommen) das Jugendamt nicht zum Beteiligten i. S. der Bestimmung des § 7 FamFG macht. Dem Jugendamt ist es mithin (im Rahmen der sog. „Kann-Beteiligung“) überlassen, ob es förmlich an dem Verfahren beteiligt werden will oder ob es sich darauf beschränkt, im Rahmen der Anhörung im Verfahren Stellung zu nehmen. Um dem Jugendamt hierüber jedoch eine sachgemäße Entscheidung zu ermöglichen, verpflichtet § 7 Abs. 4 FamFG das Gericht, das Jugendamt in den Fällen der Hinzuziehung als Beteiligter auf Antrag – vgl. § 162 Abs. 2 S. 2 FamFG – von der Einleitung des Verfahrens zu benachrichtigen und über sein Antragsrecht zu belehren.

Beispiel: Das Jugendamt wird im Rahmen eines Sorgerechtsstreits, in dem beide Elternteile das Sorgerecht für das gemeinsame Kind jeweils für sich beanspruchen, vom Familiengericht gem. § 50 SGB VIII angehört. In seiner Stellungnahme verweist das Jugendamt darauf, dass es beide Elternteile letztlich nicht für erziehungsfähig hält, bittet um Akteneinsicht und regt die Einholung eines Gutachtens über die Erziehungsfähigkeit der Eltern an. Durch seine bloße Anhörung wird das Jugendamt nicht zum Beteiligten, worauf § 7 Abs. 6 FamFG ausdrücklich hinweist. Ein Recht auf Akteneinsicht steht dem Jugendamt deshalb nicht zu und ob das Gericht der Beweisanregung des Jugendamts folgt, steht in seinem pflichtgemäßen Ermessen. Will das Jugendamt hingegen sein Akteneinsichtsrecht durchsetzen und hält es die Einholung eines Sachverständigengutachtens für zwingend erforderlich, und möchte es diesen Beweisantrag dementsprechend gezielt verfolgen, muss es einen Antrag auf Verfahrensbeteiligung stellen, mit der

Folge, dass das Familiengericht das Jugendamt zum Verfahren als „Beteiligten" hinzuziehen hat, § 7 Abs. 2 Nr. 2 FamFG. Die „Anregung" des Jugendamts auf Einholung eines Sachverständigengutachtens ist dann als Beweisantrag zu werten, dem das Gericht nachgehen muss, wenn die Erziehungsfähigkeit der Eltern in Frage steht; zudem hat das Jugendamt als Beteiligter ein Recht auf Akteneinsicht, § 13 Abs. 1 FamFG.

Hinweis: Da das Jugendamt in den gerichtlichen Entscheidungsprozess ohnehin weitgehend durch Anhörung, Terminsteilnahme und – sein ohnehin bestehendes – Beschwerderecht eingebunden ist, ist die förmliche Beteiligung des Jugendamts kraft Hinzuziehung gem. § 7 Abs. 2 Nr. 2 FamFG in der Praxis die Ausnahme. Ungeachtet einer förmlichen Beteiligung des Jugendamts gem. § 7 Abs. 2 Nr. 2 FamFG sind dem Jugendamt nämlich alle Entscheidungen des Gerichts bekannt zu machen, zu denen es nach § 162 Abs. 1 S. 1 FamFG anzuhören war, vgl. § 162 Abs. 3 FamFG. Damit soll das Jugendamt grundsätzlich Kenntnis von einer fraglichen gerichtlichen Entscheidung erhalten, unabhängig davon, ob es angehört wurde, ob es an Terminen teilgenommen oder ob es sich im Verfahren geäußert hat (Dutta/Jacoby/Schwab/Lack, § 162 RN 33).

Im Falle der Beteiligung hat das Jugendamt (neben den geschilderten Rechten) aber auch die Pflichten eines Beteiligten, z. B., indem es zur Mitwirkung im Verfahren verpflichtet ist (§ 27 FamFG). Als Verfahrensbeteiligtem können ihm zudem Kosten auferlegt werden, vgl. § 81 Abs. 1 FamFG (Ausnahme: vgl. BGH, Beschluss v. 28.09.2016 – XII ZB 251/16 –, juris Leitsätze 1–5). Auch kann das persönliche Erscheinen eines Vertreters (als Beteiligter) vom Gericht angeordnet werden, vgl. § 33 FamFG. Regt das Jugendamt allerdings lediglich die Einleitung eines Verfahrens an, § 24 FamFG, wird es hierdurch nicht bereits gem. § 7 Abs. 1 FamFG zum Beteiligten als „Antragsteller" (ebd. RN 7).

4.4

§ 162 Abs. 3 S. 2 FamFG i. V. m. § 59 Abs. 3 FamFG räumt dem Jugendamt ein Beschwerderecht ein. Dieses ist unabhängig von den weiteren Voraussetzungen des § 59 FamFG (also z. B. eigene Rechtsbeeinträchtigung). Das Beschwerderecht besteht für alle Kindschaftssachen, in denen das Jugendamt nach der Vorschrift des § 162 Abs. 1 FamFG anzuhören war und ist unabhängig davon, ob das Jugendamt am Verfahren als Beteiligter hizugezogen wurde.

Beispiel: Die getrenntlebenden Eltern des elfjährigen Sascha streiten in einem Umgangsregelungsverfahren über einen Umgang zur Mutter. Sascha ist bei seinem Vater geblieben, als die Mutter zu ihrem Freund zog. Nachdem die Mutter sich mehrere Monate nicht mehr bei Sascha gemeldet hat, möchte sie nun, dass Sascha sie regelmäßig besucht. Sascha lehnt dies ab. Saschas Vater ist mit dem

Umgang einverstanden, insbesondere in der Hoffnung, über Saschas Kontakte mehr über die Verfestigung der Beziehung zwischen Mutter und Freund zu erfahren.

Das Jugendamt hält mit Rücksicht auf die Entfremdung von Sascha zu seiner Mutter zunächst allenfalls begleitete Umgangskontakte für vertretbar. Das Familiengericht beschließt gleichwohl einen regelmäßigen Umgang. Gegen diese Entscheidung kann das Jugendamt gem. § 162 Abs. 3 S. 2 FamFG Beschwerde einlegen, obwohl es lediglich angehört wurde und (mangels Antrags auf Hizuziehung als Beteiligter) am Verfahren förmlich nicht beteiligt war.

5. Die Mitwirkung des Jugendamts in Abstammungssachen

§ 50 Abs. 1 S. 2 Nr. 2 SGB VIII verweist auf die (i. Ü. in § 169 ff. FamFG verfahrensrechtlich geregelten) Abstammungssachen, soweit gem. § 176 FamFG das Gericht das Jugendamt anzuhören hat.

§ 176 FamFG
Anhörung des Jugendamts

(1) Das Gericht soll im Fall einer Anfechtung nach § 1600 Absatz 1 Nummer 2 des Bürgerlichen Gesetzbuchs sowie im Fall einer Anfechtung nach § 1600 Abs. 1 Nr. 4 des Bürgerlichen Gesetzbuchs, wenn die Anfechtung durch den gesetzlichen Vertreter erfolgt, das Jugendamt anhören. Im Übrigen kann das Gericht das Jugendamt anhören, wenn ein Beteiligter minderjährig ist.
(2) Das Gericht hat dem Jugendamt in den Fällen einer Anfechtung nach Absatz 1 Satz 1 sowie einer Anhörung nach Absatz 1 Satz 2 die Entscheidung mitzuteilen. Gegen den Beschluss steht dem Jugendamt die Beschwerde zu.

Bei den genannten Vorschriften geht es um folgende Sachverhalte:

- § 1600 Abs. 1 Nr. 2 BGB – Anfechtung durch den biologischen (leiblichen) Vater, sofern zwischen Kind und (Schein-)Vater, der mit der Mutter verheiratet ist oder war oder der die Vaterschaft anerkannt hat, §§ 1592 Nr. 1 und 2, 1593 BGB, keine sozial-familiäre Beziehung besteht oder im Zeitpunkt des Todes bestanden hat, § 1600 Abs. 2 BGB.

Beispiel: Die Eheleute E leben in Scheidungsabsicht getrennt. Frau E wird von ihrem Freund, Herrn F, schwanger. Als das Kind geboren wird – Herr E kümmert sich nicht weiter darum und hält insbesondere weiterhin an seiner Scheidungsabsicht fest – gilt Herr E gem. § 1592 Nr. 1 BGB als Vater. Frau E ist sich ihrer Gefühle zu ihrem Freund, Herrn F, nicht so sicher, ihr Freund, Herr F, seiner Gefühle für die Mutter – aber auch für das Kind – hingegen sehr. Er ist gem. § 1600 Abs. 1

Nr. 2 BGB berechtigt, die Vaterschaft von Herrn E anzufechten, wenn er an Eides statt versichert, der Mutter des Kindes während der Empfängniszeit beigewohnt zu haben. Im Übrigen ist weitere Voraussetzung seines Anfechtungsrechts gem. § 1600 Abs. 2 BGB, dass zwischen dem Kind und seinem Vater, Herrn E, keine sozial-familiäre Beziehung besteht und er (Herr F) der leibliche Vater des Kindes ist.

- § 1600 Abs. 1 Nr. 4 BGB – Anfechtung durch das Kind, soweit die Anfechtung durch den gesetzlichen Vertreter bzw. durch den Ergänzungspfleger, § 1600a Abs. 3 BGB erfolgt (also nur bei Minderjährigkeit des Kindes).

Die Mitwirkung des Jugendamts bezieht sich im erstgenannten Fall auf die Einschätzung, ob eine sozial-familiäre Beziehung im Sinne von § 1600 Abs. 3 BGB besteht, sowie im letztgenannten Fall darauf, ob die Anfechtung dem Wohl des Kindes bzw. seinen Interessen im Sinne von § 1600a Abs. 4 BGB dient.

Die Anhörung des Jugendamts ist nicht zwingend, dennoch als „Soll-Vorschrift" ausgestaltet, die das Gericht damit keineswegs grundlos übergehen darf. Gemäß § 176 Abs. 1 S. 2 FamFG kann die Anhörung des Jugendamts „im Übrigen", also auch in anderen, in der Praxis jedoch weniger bedeutsamen Abstammungssachen erfolgen, wenn ein Beteiligter minderjährig ist. Sämtliche Entscheidungen sind im Falle des § 176 Abs. 1 S. 1 FamFG dem Jugendamt mitzuteilen, im Falle von § 176 Abs. 1 S. 2 FamFG nur, wenn das Jugendamt angehört wurde, vgl. § 176 Abs. 2 S. 1 FamFG.

Gegen den gerichtlichen Beschluss steht dem Jugendamt das Beschwerderecht zu, § 176 Abs. 2 S. 2 i. V. m. § 59 Abs. 3 FamFG. Dieses Beschwerderecht besteht damit unabhängig von den „üblichen" Voraussetzungen des § 59 FamFG (Dutta/Jacoby/Schwab/v. Bary, § 176 RN 7).

6. Die Mitwirkung des Jugendamts in Adoptionssachen

Gem. § 50 Abs. 1 S. 2 Nr. 3 SGB VIII hat das Jugendamt bei den in § 186 FamFG definierten Adoptionssachen im Hinblick auf die Bestimmungen der §§ 188 Abs. 2, 189, 194 und 195 FamFG mitzuwirken. Adoptionssachen – im BGB wird die Bezeichnung „Annahme als Kind" verwendet – sind gem. § 186 FamFG Verfahren, die

1. die Annahme als Kind
2. die Ersetzung der Einwilligung zur Annahme als Kind,
3. die Aufhebung des Annahmeverhältnisses oder
4. die Befreiung vom Eheverbot des § 1308 Abs. 1 BGB

betreffen.

6.1

In diesen Verfahren hat das Familiengericht das Jugendamt bzw. das Landesjugendamt zu beteiligen, sofern ein entsprechender Antrag auf Hinzuziehung als Beteiligter gestellt wird, § 188 Abs. 2 i. V. m. § 7 Abs. 2 Nr. 2 FamFG. Jugendamt und Landesjugendamt sind deshalb gem. § 7 Abs. 4 FamFG von der Einleitung des Verfahrens zu benachrichtigen und über ihr Antragsrecht zu belehren. Ob sie den Antrag auf Beteiligung stellen, liegt allerdings in ihrem Ermessen.

Wird das Jugendamt in den Adoptionssachen des § 186 FamFG lediglich angehört und gibt das Jugendamt gem. § 189 FamFG zu einer Annahme als Kind eine „fachliche Äußerung" ab, erlangt es hierdurch keine Stellung als Beteiligter, vgl. § 7 Abs. 6 FamFG.

6.2

Im Verfahren der Annahme als Kind, § 186 Nr. 1 FamFG, hat das Gericht eine „fachliche Äußerung" der Adoptionsvermittlungsstelle, die das Kind vermittelt hat, einzuholen, um zu klären, ob das Kind und die Familie des Annehmenden für die Annahme geeignet sind. Ist keine Adoptionsvermittlungsstelle tätig geworden, ist eine „fachliche Äußerung" des Jugendamts einzuholen, § 189 Abs. 2 S. 2 FamFG. Die fachliche Äußerung (früher „gutachtliche Stellungnahme") nach § 189 FamFG kommt aufgrund des eindeutigen Wortlauts der Regelung nur bei der Annahme eines Minderjährigen als Kind in Betracht, nicht bei den weiteren Adoptionssachen des § 186 Nr. 2–4 FamFG (Dutta/Jacoby/Schwab/Sonnenfeld § 189 RN 4).

Die fachliche Äußerung muss sich im Wesentlichen mit den Voraussetzungen der Adoption gem. § 1741 BGB befassen, also mit der grundsätzlichen Frage, ob die Annahme dem Wohl des Kindes dient sowie damit, ob zwischen dem Annehmenden und dem Kind die Entstehung eines Eltern-Kind-Verhältnisses zu erwarten ist. Dabei sind die üblichen Kindeswohlkriterien zu bewerten, also u. a. Bindungen, Neigungen und Wünsche des Kindes wie auch die Grundsätze von Erziehungsfähigkeit und Erziehungsbereitschaft der Adoptiveltern, soziales Umfeld bzw. häusliche Verhältnisse. (Wegen weiterer Einzelheiten hierzu vgl. Borg-Laufs/Seidenstücker/Röchling in: Gutachtliche Stellungnahmen in der Sozialen Arbeit, S. 186–195.)

6.3

Die Mitwirkung des Jugendamts nach § 50 Abs. 1 S. 2 Nr. 3 SGB VIII im Fall von § 194 FamFG bezieht sich auf die zwingende Anhörung in (sämtlichen) Adoptionssachen des § 186 FamFG (also über die Annahme als Kind hinaus, § 186 Nr. 1 FamFG), sofern der Anzunehmende oder Angenommene minderjährig ist. Für den Fall der Annahme als Kind bedarf es einer Anhörung des Jugendamts aber ausdrücklich nicht, wenn das Jugendamt bereits eine „fachliche Äußerung" durch seine Adoptionsvermittlungsstelle gem. § 189 FamFG abgegeben hat.

Wurde eine andere, z. B. eine anerkannte Adoptionsvermittlungsstelle eines freien Trägers, vgl. § 2 Abs. 2 AdVermiG, tätig, und gab diese die fachliche Äußerung i. S. v. § 189 FamFG ab, bleibt die Anhörungspflicht des zuständigen Jugendamts jedoch bestehen, weil § 194 Abs. 1 S. 2 FamFG ausdrücklich von der fachlichen Äußerung einer Adoptionsvermittlungsstelle des Jugendamts ausgeht. Bei dieser Sachlage wird das Jugendamt also von der fachlichen Äußerung des freien Trägers informiert, damit die Beschwerdebefugnis des Jugendamts gem. § 194 Abs. 2 FamFG gesichert ist.

Wurde das Jugendamt angehört oder von ihm eine fachliche Äußerung abgegeben, hat das Gericht dem Jugendamt die Entscheidung mitzuteilen, da dem Jugendamt gegen den gerichtlichen Beschluss die Beschwerde zusteht, vgl. § 194 Abs. 2 i. V. m. § 59 Abs. 3 FamFG. Mit Blick auf die (regelmäßig) abzugebende fachliche Äußerung zur Adoption des minderjährigen Kindes beschränkt sich der Anwendungsbereich der Bestimmung i. Ü. auf die Anhörung in Verfahren, die die Ersetzung der Einwilligung zur Annahme als Kind betreffen sowie in Verfahren bzgl. die Aufhebung des Annahmeverhältnisses (Dutta/Jacoby/Schwab/Sonnenfeld § 194 RN 4).

6.4

Die Mitwirkung nach § 195 FamFG betrifft die – zusätzliche! – Anhörung der Zentralen Adoptionsstelle des Landesjugendamts vor Ausspruch der Annahme, wenn ein minderjähriges Kind oder Adoptionsbewerber eine ausländische Staatsangehörigkeit besitzen, staatenlos sind oder Adoptionsbewerber oder Kind weder Wohnsitz noch gewöhnlichen Aufenthalt in Deutschland haben, vgl. § 11 Abs. 1 Nr. 2 und 3, Abs. 2 AdVermiG.

7. Die Mitwirkung des Jugendamts in Ehewohnungssachen

In § 50 Abs. 1 S. 2 Nr. 4 SGB VIII ist gem. §§ 204 Abs. 2, 205 FamFG die Mitwirkung des Jugendamts in Ehewohnungssachen angesprochen, wenn Kinder im Haushalt der Ehegatten leben.

7.1

Die sog. Ehewohnungssachen sind in § 200 Abs. 1 Nr. 1 und 2 FamFG definiert.

§ 200 FamFG

Ehewohnungssachen; Haushaltssachen

(1) Ehewohnungssachen sind Verfahren

1. nach § 1361b des Bürgerlichen Gesetzbuchs,
2. nach § 1568a des Bürgerlichen Gesetzbuchs.

(…)

§ 1361b BGB

Ehewohnung bei Getrenntleben

(1) Leben die Ehegatten voneinander getrennt oder will einer von ihnen getrennt leben, so kann ein Ehegatte verlangen, dass ihm der andere die Ehewohnung oder einen Teil zur alleinigen Benutzung überlässt, soweit dies auch unter Berücksichtigung der Belange des anderen Ehegatten notwendig ist, um eine unbillige Härte zu vermeiden. Eine unbillige Härte kann auch dann gegeben sein, wenn das Wohl von im Haushalt lebenden Kindern beeinträchtigt ist.

(…)

Beispiel: Frau und Herr B sind seit zwölf Jahren verheiratet. Sie leben mit ihrer gemeinsamen Tochter A, sieben Jahre alt, und dem vorehelichen Sohn B von Frau B, 15 Jahre alt, in einer fünf-Zimmer-Wohnung. Die Ehe kriselt. Frau B möchte sich von ihrem Ehemann trennen, Herr B sieht hierzu keine Veransassung, weil er sich seiner Meinung nach als Ehemann und Vater von A vorbildlich verhält. Als die ehelichen Streitgespräche lauter und immer häufiger werden und auch die Kinder intensiv einbeziehen, beansprucht Frau B bei Gericht die Zuweisung der Ehewohnung an sich. Sie beruft sich unter anderem auch darauf, dass insbesondere die gemeinsame, erst sieben Jahre alte Tochter unter den fortlaufenden Streitereien erheblich leidet und auch psychisch zu erkranken beginnt.

Ferner geht es um Verfahren zur Überlassung der Ehewohnung nach der Scheidung.

§ 1568a BGB

Ehewohnung

(1) Ein Ehegatte kann verlangen, dass ihm der andere Ehegatte anlässlich der Scheidung die Ehewohnung überlässt, wenn er auf deren Nutzung unter Berücksichtigung des Wohls der im Haushalt lebenden Kinder und der Lebensverhältnisse der Ehegatten in stärkerem Maße angewiesen ist als der andere Ehegatte oder die Überlassung aus anderen Gründen der Billigkeit entspricht.

…

Beispiel: Nach der Scheidung der Eheleute B beansprucht der Ehemann die Zuweisung der Ehewohnung an sich, da es ihm unter den gegebenen finanziellen Verhältnissen und den benötigten Räumlichkeiten für die bei ihm wohnenden drei Kinder aus seiner ersten Ehe und der beiden ehegemeinsamen Kinder praktisch unmöglich sei, eine neue geeignete Wohnung zu finden, mit der auch die räumliche Nähe zu den Schulen aller Kinder gewährleistet sei. Er verlangt im gerichtlichen Verfahren von seiner Frau, dass sie ihm die Wohnung überlässt.

§ 204 Abs. 2 FamFG regelt die Beteiligung des Jugendamts auf seinen Antrag hin, vgl. § 7 Abs. 2 Nr. 2 FamFG. Das Jugendamt ist deshalb gem. §§ 7 Abs. 4, 7 Abs. 2 Nr. 2, 204 Abs. 2 FamFG von der Einleitung eines entsprechenden Verfahrens zu benachrichtigen, die Stellung des Antrags auf Beteiligung steht im Ermessen des Jugendamts.

7.2

Ungeachtet des Rechts auf Beteiligung soll das Jugendamt in den fraglichen Ehewohnungssachen vom Gericht angehört werden, vgl. § 205 FamFG. Bekanntlich greifen gerichtliche Regelungen über die Wohnung auf Grund zumeist vorausgegangener intensiver Auseinandersetzungen der Ehegatten ganz erheblich in die Lebensumstände der Beteiligten ein. Damit sind auch umfassende Auswirkungen auf das Wohl der betroffenen im Haushalt lebenden Kinder gegeben. Nach den beiden (materiell-rechtlichen) Bestimmungen der §§ 1361b und 1568a BGB soll das Wohl der im Haushalt lebenden Kinder besonders berücksichtigt werden.

Es ist insoweit unerheblich, ob es sich um gemeinsame Kinder oder Kinder eines Ehegatten handelt. Nach den Vorstellungen des Gesetzgebers stellt sich in diesen Verfahren vor allem häufig die Frage, „ob und gegebenenfalls unter welchen Modalitäten der aus der Wohnung gewiesene (…) Elternteil oder eine nach § 1685 BGB umgangsberechtigte Person künftig Umgang mit dem Kind haben soll" (vgl. BT-Drucksache 14/5429, S. 37). Dabei gewährleistet die Unterrichtung, so die Gesetzesbegründung weiter, dass das Jugendamt von der Wohnungszuweisung oder -überlassung Kenntnis erlangt und so in die Lage versetzt wird, den Beteiligten Beratung und Unterstützung bei der Ausübung des Umgangsrechts nach § 18 Abs. 3 SGB VIII anzubieten. Diese Unterstützung könne in geeigneten Fällen auch darin bestehen, dass das Jugendamt eine Begleitung des Umgangs anbiete. Bestehe zwischen dem Beteiligten Streit über das Umgangsrecht und könne auch mit Hilfe des Jugendamts oder einer Familienberatungsstelle keine einvernehmliche Lösung erzielt werden, sei eine gerichtliche Regelung des Umgangs in Betracht zu ziehen. Eine solche könne auch vom Jugendamt gegenüber dem Familiengericht angeregt werden, wobei das Jugendamt – sollte es eine Gefährdung des Kindeswohls feststellen – darüber hinaus verpflichtet sei, das

Familiengericht anzurufen. Dieses habe dann zu prüfen, ob das Umgangsrecht nach § 1684 Abs. 4 BGB einzuschränken oder auszuschließen sei (ebd.).

Ebenso kann sich aber auch bereits im Zusammenhang mit der Überlassung der Wohnung die Frage stellen, welcher Elternteil zukünftig die Betreuung der Kinder übernimmt, sodass auftretenden Streitigkeiten über das Sorgerecht frühzeitig durch Beratung und Unterstützung des Jugendamts begegnet werden kann, möglicherweise auch im Rahmen der durchzuführenden Anhörung der Beteiligten.

Die Anhörung nach §205 FamFG ist als „Soll-Vorschrift" ausgestaltet. Verspricht die Anhörung des Jugendamts aufgrund gegebener Fakten keinen Erkenntnisgewinn, z.B. weil feststeht, dass der gegenüber Frau und Kindern gewalttätige Ehemann aus der Wohnung gewiesen werden muss – und damit z.B. für die Betreuung und Versorgung der Kinder bzw. für einen Umgang ohnehin nicht in Betracht kommt – kann die Anhörung des Jugendamts unterbleiben. Wird sie allerdings allein wegen Gefahr im Verzug unterlassen, ist sie nachzuholen, vgl. § 205 Abs. 1 S. 2 FamFG. Ist die Anhörung jedoch – wie im Regelfall anzunehmen sein dürfte – geboten, hat sie rechtzeitig im Verfahren zu erfolgen, sodass sie bei der Entscheidung gebührend berücksichtigt werden kann. Dies gilt prinzipiell auch für das einstweilige Anordnungsverfahren, vgl. § 205 Abs. 1 FamFG i. V. m. § 51 Abs. 1 S. 1 SGB VIII.

In sämtlichen Ehewohnungssachen unter Beteiligung von im Haushalt lebenden Kindern ist die gerichtliche Entscheidung dem Jugendamt mitzuteilen, §205 Abs. 2 S. 1 FamFG, wobei dem Jugendamt ungeachtet von seiner etwaigen Beteiligung eine Beschwerdebefugnis nach §§ 59 Abs. 3 i. V. m. 205 Abs. 2 S. 2 FamFG zusteht.

8. Die Mitwirkung des Jugendamts in Gewaltschutzsachen

Schließlich hat das Jugendamt in Gewaltschutzsachen mitzuwirken, „wenn ein Kind in dem Haushalt lebt", vgl. §50 Abs. 1 S. 2 Nr. 5 SGB VIII i. V. m. §§ 212, 213 FamFG.

§212 FamFG

Beteiligte

In Verfahren nach § 2 des Gewaltschutzgesetzes ist das Jugendamt auf seinen Antrag zu beteiligen, wenn ein Kind in dem Haushalt lebt.

§ 213 FamFG
Anhörung des Jugendamts

(1) In Verfahren nach § 2 des Gewaltschutzgesetzes soll das Gericht das Jugendamt anhören, wenn Kinder in dem Haushalt leben. Unterbleibt die Anhörung allein wegen Gefahr im Verzug, ist sie unverzüglich nachzuholen.
(2) Das Gericht hat in den Fällen des Absatzes 1 Satz 1 dem Jugendamt die Entscheidung mitzuteilen. Gegen den Beschluss steht dem Jugendamt die Beschwerde zu.

§ 2 GewSchG
Überlassung einer gemeinsam genutzten Wohnung

(1) Hat die verletzte Person zum Zeitpunkt einer Tat nach § 1 Abs. 1 Satz 1, auch in Verbindung mit Abs. 3, mit dem Täter einen auf Dauer angelegten gemeinsamen Haushalt geführt, so kann sie von diesem verlangen, ihr die gemeinsam genutzte Wohnung zur alleinigen Benutzung zu überlassen.
(2) (...)
(3) Der Anspruch nach Absatz 1 ist ausgeschlossen,

1. wenn weitere Verletzungen nicht zu besorgen sind, es sei denn, dass der verletzten Person das weitere Zusammenleben mit dem Täter wegen der Schwere der Tat nicht zuzumuten ist oder
2. wenn die verletzte Person nicht innerhalb von drei Monaten nach der Tat die Überlassung der Wohnung schriftlich vom Täter verlangt oder
3. soweit der Überlassung der Wohnung an die verletzte Person besonders schwerwiegende Belange des Täters entgegenstehen.

(4) Ist der verletzten Person die Wohnung zur Benutzung überlassen worden, so hat der Täter alles zu unterlassen, was geeignet ist, die Ausübung dieses Nutzungsrechts zu erschweren oder zu vereiteln.
(5) Der Täter kann von der verletzten Person eine Vergütung für die Nutzung verlangen, soweit dies der Billigkeit entspricht.
(6) Hat die bedrohte Person zum Zeitpunkt einer Drohung nach § 1 Abs. 2 Satz 1 Nr. 1, auch in Verbindung mit Abs. 3, einen auf Dauer angelegten gemeinsamen Haushalt mit dem Täter geführt, kann sie die Überlassung der gemeinsam genutzten Wohnung verlangen, wenn dies erforderlich ist, um eine unbillige Härte zu vermeiden. Eine unbillige Härte kann auch dann gegeben sein, wenn das Wohl von im Haushalt lebenden Kindern beeinträchtigt ist. Im Übrigen gelten die Absätze 2 bis 5 entsprechend.

Die Mitwirkungspflicht in Gewaltschutzsachen bezieht sich auf § 2 GewSchG, also auf die Überlassung der gemeinsam genutzten Wohnung im Rahmen des zivilgerichtlichen Schutzes bei Gewalttaten und Nachstellungen, wenn die verletzte Person zum Zeitpunkt der Tat (§ 1 Abs. 1 S. 1 GewSchG) mit dem Täter einen auf Dauer angelegten gemeinsamen Haushalt geführt hat.

Diese Rechtsstreitigkeiten sind gem. § 111 Nr. 6 FamFG grundsätzlich den Familiensachen zugeordnet und unterliegen damit der Zuständigkeit der Familiengerichte. Sie sind verfahrensrechtlich in den §§ 210 ff. FamFG geregelt.

Gemäß § 212 FamFG ist die Beteiligung des Jugendamts – auf dessen Antrag hin – in Gewaltschutzverfahren nach § 2 Gewaltschutzgesetz vorgesehen, wenn ein Kind in dem Haushalt der gemeinsam genutzten Wohnung lebt. Bekanntlich ist das Kindeswohl durch Gewalt in der Familie besonders stark gefährdet, weshalb eine Intervention des Jugendamts hier in der Regel besonders gefragt ist. Wegen des Beteiligungsrechts gem. §§ 212, 7 Abs. 2 Nr. 2 FamFG ist das Jugendamt gem. § 7 Abs. 4 FamFG von der Einleitung des Verfahrens durch das Gericht zu benachrichtigen und über sein Antragsrecht zu belehren. Ungeachtet eines etwaigen Antrages auf Beteiligung soll das Gericht das Jugendamt anhören, wenn Kinder in dem Haushalt leben, vgl. § 213 Abs. 1 S. 1 FamFG. Auf die vorstehenden Ausführungen zu § 205 FamFG wird insoweit verwiesen.

Form und Inhalt der Anhörung sowie Mitteilung der Entscheidung sowie Beschwerderecht des Jugendamts, vgl. § 213 FamFG, entsprechen inhaltlich der Regelung des § 205 FamFG.

9. Inhaltliche Tätigkeit des Jugendamts im Rahmen von Unterstützung und Mitwirkung

Während § 50 Abs. 1 S. 1 und S. 2 SGB VIII die formalen Unterstützungs- und Mitwirkungskriterien des Jugendamts ansprechen (Anhörungs- bzw. Mitwirkungsvorschriften, Beteiligung), enthält § 50 Abs. 2 SGB VIII Anhaltspunkte über die inhaltliche Tätigkeit (Unterrichtungspflicht des Jugendamts) und konkretisiert so die Art und Weise der Aufgabenwahrnehmung (FK-SGB VIII/Trenczek: in § 50 RN 18). Dem unverändert gebliebenen § 50 Abs. 2 S. 1 SGB VIII wurde durch das FGG-RG (2008/2009) der § 50 Abs. 2 S. 2 SGB VIII angefügt, der die Besonderheiten des beschleunigten Verfahrens gem. § 155 Abs. 2 FamFG berücksichtigt. Die Regelung findet sich durch das KJSG (2021) nunmehr inhaltsgleich in S. 5 wieder, weil durch das KJSG die Neuregelungen über die Vorlage des Hilfeplans mit den Sätzen 2 bis 4 eingefügt wurden. Ferner wurde durch das KJSG im Abs. 2 Satz 6 angefügt.

9.1

Der Gesetzeswortlaut des § 50 Abs. 2 S. 1 SGB VIII stellt durch die Formulierung „insbesondere" sicher, dass die Aufzählung der Unterrichtungsinhalte (über angebotene und erbrachte Leistungen, erzieherische und soziale Gesichtspunkte zur Entwicklung des Kindes oder des Jugendlichen, weitere Möglichkeiten der Hilfen) keineswegs abschließend ist (LPK-SGB VIII/Berneiser/Diehl § 50 RN 79).

Andererseits sind die in der Bestimmung genannten Inhalte auch nur beispielhaft erwähnt. Die Regelung macht deutlich, dass die fachliche Äußerung des Jugendamts das gerichtliche Verfahren unter dem jugendhilferechtlichen Blickwinkel fördern soll.

In einer solchen Stellungnahme wird das Jugendamt zunächst – einleitend – den Sachverhalt kurz so wiedergeben, wie er sich ihm darstellt (Schilderung der angetroffenen Umstände, Situationen usw.). Ferner wird das Jugendamt auf die Streitpositionen der Beteiligten (z. B. der Eltern im Sorgerechts- bzw. Umgangsrechtsstreit) und die Auswirkungen auf das Kind eingehen. Außerdem werden Möglichkeiten der Hilfen angesprochen werden, um die strittige Situation zu entschärfen und vor allem, um die Sicht der Beteiligten (namentlich auch des Gerichts) auf die notwendigen Schritte zu lenken, die zu einer Problemlösung geeignet sind.

Die Unterrichtung des Jugendamts über „angebotene und erbrachte Leistungen" lässt insbesondere erkennen, ob angebotene Hilfen angenommen oder verweigert wurden bzw. ob erbrachte Leistungen erfolgreich waren. Erzieherische und soziale Gesichtspunkte zur Entwicklung des Kindes und des Jugendlichen geben Aufschluss über notwendige elterliche Kompetenzen, die im gerichtlichen Verfahren zu erörtern sind. Hinweise auf weitere Möglichkeiten der Hilfe erlauben Überlegungen, mit denen erforderliche Hilfen umgesetzt werden können.

Dies alles gehört inhaltlich zu einer fachlichen Stellungnahme, die sich nicht auf die bloße Wiedergabe des Akteninhalts oder Äußerungen der Beteiligten beschränken darf. Vielmehr konkretisiert die Vorschrift, dass die richterliche Anhörungspflicht für das Jugendamt Anlass sein muss, zu prüfen, inwieweit ein fachgerechtes Hilfe- bzw. Leistungsangebot – im Hinblick auf möglicherweise erforderliche Hilfeinterventionen zu Gunsten des betroffenen Kindes oder Jugendlichen, aber auch im Hinblick auf Hilfestellungen zu Gunsten einvernehmlicher oder zumindest möglichst wenig verletzender Konfliktlösungen im gerichtlichen Verfahren – erfolgen muss (vgl. BT-Drucks. 11/5948, S. 87).

Durch die Regelung des § 50 Abs. 2 S. 1 SGB VIII wird i. Ü. die Aufgabe der Mitwirkung des Jugendamts im Hinblick auf die fachliche Unterstützung der richterlichen Entscheidungsfindung dahingehend verdeutlicht, dass die genannten Tätigkeiten sicherstellen sollen, dass in der gerichtlichen Entscheidung die Möglichkeiten der (Jugend-) Hilfe berücksichtigt werden. Das Gericht muss also in den Stand versetzt werden, prognostisch diejenige Entscheidung zu treffen, die sich unter Berücksichtigung der Angebote der Jugendhilfe als kindeswohldienlich bzw. kindeswohlfördernd darstellt (z. B. Wiederherstellung der Umgangskontakte durch vom Jugendamt begleiteten Umgang).

Insofern kommt also der Perspektive weiterer Hilfemöglichkeiten besondere Bedeutung zu, weil der vom Gericht auszulegende Begriff des Kindeswohls (…) nicht statisch, sondern dynamisch zu verstehen ist (BT-Drucksache 11/5948, S. 88). Weitere Differenzierungen im Hinblick auf die inhaltliche Tätigkeit des

Jugendamts sieht das Gesetz bewusst nicht vor, weil der Interventionsbedarf von Seiten des Jugendamts nach dessen pflichtgemäßem Ermessen zu klären ist(ebd.).

9.2

Im Ergebnis muss die fachliche Stellungnahme des Jugendamts aussagekräftig, nachvollziehbar und inhaltlich gut begründet sein, um im Rahmen der Auseinandersetzung der beteiligten Parteien die angemessene Beachtung zu finden. Nur dann kann sie dazu beitragen, den Entscheidungsfindungsprozess des Gerichts zu qualifizieren. Dieses ist in aller Regel auf die fachliche Unterstützung des Jugendamts angewiesen, wenn es im Zuge der Entscheidungsfindung vor der Herausforderung steht, die (sozial-) pädagogischen und psychologischen Handlungszusammenhänge von familiären und kindlichen Problemlagen, das Handeln der Jugendhilfe und die vorhandenen bzw. die zu erwartenden Erziehungs- und Handlungskompetenzen von Eltern verstehen, bewerten und prognostisch einschätzen zu müssen (vgl. hierzu ausführlich: Borg-Laufs/Seidenstücker/Röchling, S. 24 ff.). Weiter heißt es hier: „Die gutachtliche Stellungnahme des Jugendamts hat somit die Funktion einer sozial-pädagogischen Orientierungs- und Entscheidungshilfe für das Gericht, damit dieses die Zielsetzung, ‚Beachtung des Kindeswohls bei größtmöglicher Wahrung der Rechte der Eltern', optimal erreichen kann" (ebd. S. 33).

9.3

Die Überlassung des Hilfeplans an das Gericht, nunmehr durch das KJSG (2021) explizit geregelt, vgl. § 50 Abs. 2 S. 2–4 SGB VIII, ist seit jeher umstritten – und zwar aus den unterschiedlichsten Gründen, auf die hier nicht eingegangen werden kann. Selbst nachdem das KJSG die Vorlagepflicht statuiert hat, stößt die Regelung auf „nahezu einhellige Ablehnung" (FK-SGB VIII/Trenczek: in § 50 RN 22–24). Des Weiteren heißt es (unter Bezugnahme und Verweis auf ablehnende Meinungen): „In den neuen Regelungen spiegele sich nicht das Informationsbedürfnis der Gerichte, sondern ein mangelndes Vertrauen in die Kooperationsbereitschaft, die fachlichen Standarts und die Qualität der Arbeit der JÄ wider. Die Vorlagepflicht gefährde die Hilfebeziehung zwischen den Fachkräften und den Familien, da die Hilfeplangespräche einen ganz anderen Charakter bekommen, wenn sie unter dem ‚Damoklesschwert' der Weitergabe an das Familiengericht geführt werden" (ebd. RN 22).

Nach der letztlich Gesetz gewordenen Fassung der Vorschrift – der Gesetzentwurf sah zunächst sogar die uneingeschränkte Vorlagepflicht des Hilfeplans vor – ist lediglich noch ein Hilfeplan-Auszug vorzulegen, § 50 Abs. 2 S. 3 SGB VIII (ebd. RN 23). Hierzu führt die Gesetzesbegründung aus: „Mit der Einfügung von Satz 3 wird klargestellt, dass sich die Pflicht zur Vorlage beim Familiengericht ausschließlich auf das Dokument des Hilfeplans bezieht, der lediglich das Ergebnis der Hilfeplanung beinhaltet, also das Ergebnis der Bedarfsfeststellung, die ausgehandelte Hilfeart, die hiervon umfassten Leistungen sowie das Ergebnis etwaiger Überprüfungen dieser Feststellungen. Nicht von der Vorlagepflicht umfasst sind damit Gesprächsprotokolle, Entwicklungsberichte und andere Unterlagen, die im Rahmen der Hilfeplanung erstellt bzw. vorgelegt wurden, aber nur Grundlage der im Hilfeplan festgehaltenen Ergebnisse sind. Im Übrigen verbleibt es aber bei den geltenden datenschutzrechtlichen Vorschriften. Dies bedeutet, dass keine Vorlagepflicht besteht, wenn es an der Einwilligung des Berechtigten (vgl. § 65 Absatz 1 Nummer 1 SGB VIII) fehlt oder wenn das Familiengericht auch ohne die Vorlage des Hilfeplans dazu in der Lage ist, eine hinreichend sichere Grundlage für eine am Kindeswohl orientierte Entscheidung zu treffen (vgl. § 65 Absatz 1 Nummer 2 SGB VIII). Mit der Ergänzung wird verdeutlicht, dass die Pflicht zur Vorlage des Hilfeplans eine Konkretisierung des geltenden Rechts in § 50 Absatz 2 Satz 1 SGB VIII darstellt, wonach das Jugendamt das Familiengericht insbesondere über angebotene und erbrachte Leistungen zu unterrichten, erzieherische und soziale Gesichtspunkte zur Entwicklung des Kindes oder des Jugendlichen einzubringen und auf weitere Möglichkeiten der Hilfe hinzuweisen hat. Diese Informationen überschneiden sich zum Teil mit den Inhalten des Hilfeplans, gehen aber in der Regel darüber hinaus" (BT-Drucks. 19/28870 S. 96).

Die Vorlagepflicht betrifft nur die in § 50 Abs. 2 S. 2 SGB VIII genannten Kindesschutzverfahren – also Verfahren nach den §§ 1631b, 1632 Abs. 4, 1666, 1666a und 1682 BGB – und damit nur bestimmte Konstellationen, „in denen erzieherische Hilfen allein nicht oder nicht mehr ausreichen, um einer Gefährdung des Kindeswohls entgegenzuwirken, oder die Personensorgeberechtigten deren Inanspruchnahme ablehnen und dadurch das Kindeswohl gefährden, vgl. § 8a Absatz 2 SGB VIII" (BT-Drucks. 19/26107 S. 104). Der Gesetzgeber sieht in diesen Verfahren durch die Vorlage des Hilfeplans die Erkenntnisgrundlage des Familiengerichts im Hinblick auf die bei sorgerechtlichen Entscheidungen vorzunehmende Verhältnismäßigkeitsprüfung erweitert (ebd.). Die generelle Vorlagepflicht müsse deshalb auch für Verfahren gelten, „in denen über die Abänderung, Verlängerung oder Aufhebung von Maßnahmen zu entscheiden ist, die nach diesen Vorschriften getroffen wurden (§ 1696 BGB, §§ 166, 167 Absatz 1 Satz 1 in Verbindung mit § 329 Absatz 2, § 330 FamFG" (ebd.). Und weiter: „Da die Vorlage des Hilfeplans auch in anderen, die Person des Kindes betreffenden Kindschaftssachen, in denen das Jugendamt gemäß § 162 Absatz 1 FamFG anzuhören ist, für die familiengerichtliche Entscheidung relevant sein kann, soll der Hilfeplan dem Familiengericht vom Jugendamt in diesen Fällen auf Anforderung vorgelegt werden" (ebd.), was durch die neue Regelung des § 50 Abs. 2 S. 4 SGB VIII festgelegt ist.

Um die Beachtung der sozialdatenschutzrechtlichen Regelungen nach § 64 Abs. 2 und § 65 Abs. 1 S. 1 Nr. 1 u. 2 SGB VIII sicherzustellen und klarzustellen, weist die in § 50 Abs. 2 S. 6 SGB VIII vorgenommene Neuregelung auf die Einhaltung diese Vorschriften gesondert hin. In der Gesetzesbegründung heißt es hierzu: „Das bedeutet, dass im Hilfeplan dokumentierte anvertraute Daten grundsätzlich nur mit Einwilligung dessen, der die Daten anvertraut hat, weitergegeben werden dürfen (§ 65 Absatz 1 Satz 1 Nummer 1 SGB VIII). Bei nicht einwilligungsfähigen Minderjährigen obliegt diese Entscheidung dem gesetzlichen Vertreter. § 65 Absatz 1 Satz 1 Nummer 2 SGB VIII gestattet jedoch hiervon eine Ausnahme, wenn das Familiengericht nach § 8a Absatz 2 Satz 1 SGB VIII angerufen wird und ihm ohne Weitergabe anvertrauter Daten im Hilfeplan eine für die Gewährung von Leistungen notwendige Entscheidung nicht ermöglicht werden könnte. Allerdings darf nach § 64 Absatz 2 SGB VIII auch in diesen Fällen eine mittels Vorlage des Hilfeplans erfolgte Übermittlung anvertrauter Daten nicht dazu führen, dass der Erfolg einer zu gewährenden Leistung in Frage gestellt wird“ (ebd. S. 105).

10. Die Mitwirkung im beschleunigten Verfahren, § 50 Abs. 2 S. 5 SGB VIII i. V. m. § 155 Abs. 2 FamFG

Die Mitwirkungsvorschrift bestimmter, im Rahmen vorrangig und beschleunigt durchzuführender Kindschaftsverfahren blieb inhaltlich unverändert, wurde aber in Satz 5 des § 50 Abs. 2 SGB VIII verlegt.

Vorrangig und beschleunigt gem. § 155 Abs. 1 FamFG durchzuführen sind Kindschaftssachen, die den Aufenthalt des Kindes, das Umgangsrecht oder die Herausgabe des Kindes betreffen, sowie Verfahren wegen Gefährdung des Kindeswohls.

§ 155 FamFG

Vorrang- und Beschleunigungsgebot

(1) Kindschaftssachen, die den Aufenthalt des Kindes, das Umgangsrecht oder die Herausgabe des Kindes betreffen, sowie Verfahren wegen Gefährdung des Kindeswohls sind vorrangig und beschleunigt durchzuführen.

(2) Das Gericht erörtert in Verfahren nach Absatz 1 die Sache mit den Beteiligten in einem Termin. Der Termin soll spätestens einen Monat nach Beginn des Verfahrens stattfinden. Das Gericht hört in diesem Termin das Jugendamt an. Eine Verlegung des Termins ist nur aus zwingenden Gründen zulässig. Der Verlegungsgrund ist mit dem Verlegungsgesuch glaubhaft zu machen.

(3) Das Gericht soll das persönliche Erscheinen der verfahrensfähigen Beteiligten zu dem Termin anordnen.

(4) Hat das Gericht ein Verfahren nach Absatz 1 zur Durchführung einer Mediation oder eines anderen Verfahrens der außergerichtlichen Konfliktbeilegung ausgesetzt, nimmt es das Verfahren in der Regel nach drei Monaten wieder auf, wenn die Beteiligten keine einvernehmliche Regelung erzielen.

Nach der Gesetzesbegründung soll die Vorschrift insbesondere eine Verkürzung der Verfahrensdauer in „sorge- und umgangsrechtlichen Verfahren bewirken" (vgl. BT-Drucksache 16/6308, Seite 235). Gesetzlich gefordert ist insgesamt eine „bevorzugte Erledigung" der „genannten Kindschaftssachen", und zwar „im Notfall auf Kosten anderer anhängiger Sachen" (ebd.). Deshalb gilt, so die Gesetzesbegründung weiter, „das Vorranggebot in jeder Lage des Verfahrens" und „ist u. a. bei der Anberaumung von Terminen, bei der Fristsetzung für die Abgabe eines Sachverständigengutachtens (...) und bei der Bekanntgabe von Entscheidungen zu beachten" (ebd.). Allerdings soll das Beschleunigungsgebot auch nicht „schematisch gehandhabt werden", der Grundsatz des Kindeswohls präge und begrenze zugleich das Beschleunigungsgebot (ebd., S. 235, 236).

Mit der schnellen Terminierung hofft der Gesetzgeber Eskalierungen des Elternkonflikts zu vermeiden. Hierzu heißt es weiter: „Insbesondere in der ersten Zeit nach der Trennung ist die Kompetenz beider Eltern zu verantwortlichem Handeln oft reduziert, was tendenziell zu einer Zuspitzung der Konflikte führt. Gerade in dieser Situation ist es wichtig, die Eltern nicht längere Zeit allein zu lassen. Der Anspruch des Kindes auf Schutz vor überflüssigen Schädigungen gebietet es vielmehr, dass das Familiengericht so schnell wie möglich versucht, die Eltern im persönlichen Gespräch wieder auf den Weg zur Übernahme gemeinsamer Verantwortung zu bringen" (ebd., S. 236).

Für die Anhörung des Jugendamts in dem Termin nach § 155 Abs. 2 FamFG geht der Gesetzgeber deshalb davon aus, „dass das Gericht einen Vertreter des Jugendamts im Erörterungstermin persönlich anhört. (...)" (ebd., S. 236).

Im Ergebnis läuft die „Information über den Stand des Beratungsprozesses" gem. § 50 Abs. 2 S. 5 SGB VIII darauf hinaus, bei der gerichtliche Erörterung innerhalb des ersten Monats darüber zu unterrichten,

- wie sich der Elternkonflikt darstellt,
- ob und inwieweit sich aktuell Eskalierungen ergeben und
- wie diese – etwa mit fachlicher Kompetenz des Jugendamts und den Entscheidungsmöglichkeiten des Gerichts – minimiert oder vermieden werden können.

Darüber hinaus ist bei der gemeinsamen Erörterung zu prüfen, ob und unter welchen Gegebenheiten eine Bereitschaft der Eltern besteht, wieder ihre Verantwortung für die beteiligten Kinder gerecht zu werden und Belastungen und Schädigungen zu reduzieren.

11. Die Mitteilungspflichten des Jugendamts in Sorgerechtsverfahren

§ 50 Abs. 3 SGB VIII enthält Verfahrensvorschriften zur gegenseitigen Informationspflicht der Jugendämter, soweit ein Jugendamt in das Verfahren zur Übertragung der gemeinsamen Sorge gemäß § 155a Abs. 4 FamFG einbezogen bzw. mit einem Sorgerechtsverfahren gem. § 1671 Abs. 2 BGB befasst war. Insoweit geht es im Wesentlichen um Mitteilungspflichten an das für den Geburtsort des Kindes oder des Jugendlichen zuständigen Jugendamts.

§ 155a FamFG
Verfahren zur Übertragung der gemeinsamen elterlichen Sorge

(1) Die nachfolgenden Bestimmungen dieses Paragrafen gelten für das Verfahren nach § 1626a Absatz 2 des Bürgerlichen Gesetzbuchs. Im Antrag auf Übertragung der gemeinsamen Sorge sind Geburtsdatum und Geburtsort des Kindes anzugeben.

(2) § 155 Absatz 1 ist entsprechend anwendbar. Das Gericht stellt dem anderen Elternteil den Antrag auf Übertragung der gemeinsamen Sorge nach den §§ 166 bis 195 der Zivilprozessordnung zu und setzt ihm eine Frist zur Stellungnahme, die für die Mutter frühestens sechs Wochen nach der Geburt des Kindes endet.

(3) In den Fällen des § 1626a Absatz 2 Satz 2 des Bürgerlichen Gesetzbuchs soll das Gericht im schriftlichen Verfahren ohne Anhörung des Jugendamts und ohne persönliche Anhörung der Eltern entscheiden. § 162 ist nicht anzuwenden. Das Gericht teilt dem nach § 87c Absatz 6 Satz 2 des Achten Buches Sozialgesetzbuch zuständigen Jugendamt seine Entscheidung unter Angabe des Geburtsdatums und des Geburtsorts des Kindes sowie des Namens, den das Kind zur Zeit der Beurkundung seiner Geburt geführt hat, zu den in § 58 des Achten Buches Sozialgesetzbuch genannten Zwecken formlos mit.

(4) Werden dem Gericht durch den Vortrag der Beteiligten oder auf sonstige Weise Gründe bekannt, die der gemeinsamen elterlichen Sorge entgegenstehen können, gilt § 155 Absatz 2 mit der Maßgabe entsprechend, dass der Termin nach Satz 2 spätestens einen Monat nach Bekanntwerden der Gründe stattfinden soll, jedoch nicht vor Ablauf der Stellungnahmefrist der Mutter nach Absatz 2 Satz 2. § 155 Absatz 3 und § 156 Absatz 1 gelten entsprechend.

(5) Sorgeerklärungen und Zustimmungen des gesetzlichen Vertreters eines beschränkt geschäftsfähigen Elternteils können auch im Erörterungstermin zur Niederschrift des Gerichts erklärt werden. § 1626d Absatz 2 des Bürgerlichen Gesetzbuchs gilt entsprechend.

Die Regelung des § 50 Abs. 3 SGB VIII betrifft zum einen das Jugendamt, wenn es (im Ausnahmefall trotz vorgesehenem schriftlichen Verfahren) im Verfahren zur Übertragung der gemeinsamen Sorge angehört wurde (weil dem Gericht Gründe bekannt geworden sind, die der gemeinsamen Sorge entgegenstehen können und dem Gericht deshalb keine Entscheidung im schriftlichen Verfahren ermöglichen), vgl. § 155a Abs. 4 i. V. m. § 155 Abs. 2 FamFG. Zum anderen bezieht sich die Verfahrensregelung auf das im Zusammenhang mit einem Sorgerechtsverfahren nach § 1671 Abs. 2 BGB gem. § 162 FamFG angehörte Jugendamt.

In diesen (beiden) Fällen hat das (jeweils angehörte) Jugendamt die Aufgabe, die rechtskräftige Entscheidung des Gerichts über die Sorgerechtsänderung gem. § 1626a Abs. 2 S. 1 BGB unverzüglich an das Jugendamt zu übermitteln, das für die Eintragung in das Sorgerechtsregister (§ 58 SGB VIII) zuständig ist. Dies ist wiederum gem. 87c Abs. 6 S. 2 SGB VIII das für den Geburtsort des Kindes zuständige Jugendamt. Die mitzuteilenden Daten nennt § 50 Abs. 3 S. 2 SGB VIII.

§ 58 SGB VIII

Auskunft über Alleinsorge aus dem Sorgeregister

(1) Zum Zwecke der Erteilung der schriftlichen Auskunft nach Absatz 2 wird für Kinder nicht miteinander verheirateter Eltern bei dem nach § 87c Absatz 6 Satz 2 zuständigen Jugendamt ein Sorgeregister geführt. In das Sorgeregister erfolgt jeweils eine Eintragung, wenn

1. Sorgeerklärungen nach § 1626a Absatz 1 Nummer 1 des Bürgerlichen Gesetzbuchs abgegeben werden,
2. aufgrund einer rechtskräftigen gerichtlichen Entscheidung die elterliche Sorge den Eltern ganz oder zum Teil gemeinsam übertragen worden ist oder
3. die elterliche Sorge aufgrund einer rechtskräftigen gerichtlichen Entscheidung ganz oder zum Teil der Mutter entzogen oder auf den Vater allein übertragen worden ist.

(2) Liegen keine Eintragungen im Sorgeregister vor, so erhält die mit dem Vater des Kindes nicht verheiratete Mutter auf Antrag hierüber eine schriftliche Auskunft von dem nach § 87c Absatz 6 Satz 1 zuständigen Jugendamt. Die Mutter hat dafür Geburtsdatum und Geburtsort des Kindes oder des Jugendlichen anzugeben sowie den Namen, den das Kind oder der Jugendliche zur Zeit der Beurkundung seiner Geburt geführt hat. Bezieht sich die gerichtliche Entscheidung nach Absatz 1 Satz 2 Nummer 2 oder Nummer 3 nur auf Teile der elterlichen Sorge, so erhält die mit dem Vater des Kindes nicht verheiratete Mutter auf Antrag eine schriftliche Auskunft darüber, dass Eintragungen nur in Bezug auf die durch die Entscheidung betroffenen Teile der elterlichen Sorge vorliegen. Satz 2 gilt entsprechend.

§ 87c SGB VIII

Örtliche Zuständigkeit für die Beistandschaft, die Pflegschaft, die Vormundschaft und die schriftliche Auskunft nach § 58

(...)

(6) Für die Erteilung der schriftlichen Auskunft nach § 58 Absatz 2 gilt Absatz 1 entsprechend. Die Mitteilungen nach § 1626d Absatz 2 des Bürgerlichen Gesetzbuchs, die Mitteilungen nach § 155a Absatz 3 Satz 3 und Absatz 5 Satz 2 des Gesetzes über das Verfahren in Familiensachen und in den Angelegenheiten der freiwilligen Gerichtsbarkeit sowie die Mitteilungen nach § 50 Absatz 3 sind an das für den Geburtsort des Kindes oder des Jugendlichen zuständige Jugendamt zu richten; § 88 Absatz 1 Satz 2 gilt entsprechend. Das nach Satz 2 zuständige Jugendamt teilt dem nach Satz 1 zuständigen Jugendamt

auf dessen Ersuchen mit, ob ihm Mitteilungen nach § 1626d Absatz 2 des Bürgerlichen Gesetzbuchs, Mitteilungen nach § 155a Absatz 3 Satz 3 oder Absatz 5 Satz 2 des Gesetzes über das Verfahren in Familiensachen und in den Angelegenheiten der freiwilligen Gerichtsbarkeit oder Mitteilungen nach § 50 Absatz 3 vorliegen. Betrifft die gerichtliche Entscheidung nur Teile der elterlichen Sorge, so enthalten die Mitteilungen auch die Angabe, in welchen Bereichen die elterliche Sorge der Mutter entzogen wurde, den Eltern gemeinsam übertragen wurde oder dem Vater allein übertragen wurde.

Sinn und Zweck des beim Geburtsort des Kindes oder Jugendlichen geführten Sorgeregister ist es, aktuell und verlässlich Auskunft über die Sorgerechtsverhältnisse nicht miteinander verheirateter Elternteile geben zu können. Diese Eintragungen ermöglichen im Rechtsverkehr den Nachweis über die Zuteilung der elterlichen Sorge gem. § 1626a BGB (Berneiser/Diehl in LPK-SGB VIII § 50 RN 100 ff.).

IV. Stärkung des Kinderschutzes durch das Gesetz zur Kooperation und Information im Kinderschutz (KKG)

1. Einleitung und Überblick

Das „Gesetz zur Stärkung eines aktiven Schutzes von Kindern und Jugendlichen" (Bundeskinderschutzgesetz – BKiSchG) trat 2012 in Kraft. Mit seinen diversen Regelungsgehalten beabsichtigte der Gesetzgeber, den staatlichen Kinderschutz in einem erweiterten Handlungsfeld zu stärken. Das BKiSchG umfasst sechs Artikel, von denen wegen des hier interessierenden Sachzusammenhangs nur auf das in Art. 1 enthaltene „Gesetz zur Kooperation und Information im Kinderschutz (KKG)" näher eingegangen wird.

Das (zwischenzeitlich aktualisierte) KKG enthält in § 1 KKG grundsätzliche Aussagen zur staatlichen Mitverantwortung beim Kinderschutz und umschreibt dabei die Unterstützung der Eltern inhaltlich näher (z. B. durch Information, Beratung und Hilfe insbesondere mit Blick auf die vom Bund geförderten sog. Frühen Hilfen für Kinder in den ersten Lebensjahren wie für schwangere Frauen und werdende Väter).

§ 2 KKG regelt die Information von Eltern und werdenden Müttern und Vätern über Unterstützungsangebote in Fragen der Schwangerschaft, der Geburt und der Kindesentwicklung in den ersten Lebensjahren.

§ 3 KKG beschreibt die Rahmenbedingungen für den Aufbau verbindlicher Netzwerkstrukturen im Kinderschutz, die mit einem (vorerst aus Bundesmitteln finanzierten) Projekt zum Ausbau und Aufbau des Einsatzes von Familienhebammen gestärkt und vorangetrieben werden sollen (Bereich: Frühe Hilfen).

Durch die Befugnisnorm des § 4 KKG wird die Übermittlung von Informationen bei Kindeswohlgefährdung durch bestimmte im Gesetz genannte Berufsgeheimnisträger bundeseinheitlich und verständnisfördernd geregelt. Einer vertieften Kenntnis der einschlägigen strafrechtlichen Normen über den Geheimhaltungsschutz von Berufsgeheimnissen bzw. den rechtfertigenden Notstand (§§ 203, 34 StGB) bedarf es daher nicht mehr. Zugleich legt die Bestimmung fest, dass eine Beratungspflicht bei gewichtigen Anhaltspunkten einer Kindeswohlgefährdung besteht – vorausgesetzt, dass der Schutz des Kindes hierdurch nicht gefährdet wird – und ermächtigt die genannten Berufsgruppen, das Jugendamt einzuschalten, wenn eine Abwendung der Gefährdung durch die Beratung und den Hinweis auf öffentliche Hilfen nicht sichergestellt ist. Für die Einschätzung der Frage, ob eine Kindeswohlgefährdung anzunehmen ist, besteht gegenüber dem Jugendamt ein Beratungsanspruch.

Durch das KJSG (2021) wurde mit § 5 KKG eine Mitteilungspflicht für Strafverfolgungsbehörden bzw. Gerichte an das Jugendamt geschaffen, sofern in einem Strafverfahren gewichtige Anhaltspunkte für eine Kondeswohlgefährdung bekannt werden.

2. Einzelheiten zum Gesetz zur Kooperation und Information im Kinderschutz (KKG)

2.1

§ 4 KKG befasst sich der Beratung und Übermittlung von Informationen durch Berufsgeheimnisträger bei Kindeswohlgefährdung

§ 4 KKG

Beratung und Übermittlung von Informationen durch Geheimnisträger bei Kindeswohlgefährdung

(1) Werden

1. Ärztinnen oder Ärzten, Zahnärztinnen oder Zahnärzten Hebammen oder Entbindungspflegern oder Angehörigen eines anderen Heilberufes, der für die Berufsausübung oder die Führung der Berufsbezeichnung eine staatlich geregelte Ausbildung erfordert,
2. Berufspsychologinnen oder -psychologen mit staatlich anerkannter wissenschaftlicher Abschlussprüfung,
3. Ehe-, Familien-, Erziehungs- oder Jugendberaterinnen oder -beratern sowie
4. Beraterinnen oder Beratern für Suchtfragen in einer Beratungsstelle, die von einer Behörde oder Körperschaft, Anstalt oder Stiftung des öffentlichen Rechts anerkannt ist,
5. Mitgliedern oder Beauftragten einer anerkannten Beratungsstelle nach den §§ 3 und 8 des Schwangerschaftskonfliktgesetzes,
6. staatlich anerkannten Sozialarbeiterinnen oder -arbeitern oder staatlich anerkannten Sozialpädagoginnen oder -pädagogen oder
7. Lehrerinnen oder Lehrern an öffentlichen und an staatlich anerkannten privaten Schulen

in Ausübung ihrer beruflichen Tätigkeit gewichtige Anhaltspunkte für die Gefährdung des Wohls eines Kindes oder eines Jugendlichen bekannt, so sollen sie mit dem Kind oder Jugendlichen und den Erziehungsberechtigten die Situation erörtern und, soweit erforderlich, bei den Erziehungsberechtigten auf die Inanspruchnahme von Hilfen hinwirken, soweit hierdurch der wirksame Schutz des Kindes oder des Jugendlichen nicht in Frage gestellt wird.

(2) Die Personen nach Absatz 1 haben zur Einschätzung der Kindeswohlgefährdung gegenüber dem Träger der öffentlichen Jugendhilfe Anspruch auf Beratung durch eine insoweit erfahrene Fachkraft. Sie sind zu diesem Zweck befugt, dieser Person die dafür erforderlichen Daten zu übermitteln; vor einer Übermittlung der Daten sind diese zu pseudonymisieren.
(3) Scheidet eine Abwendung der Gefährdung nach Absatz 1 aus oder ist ein Vorgehen nach Absatz 1 erfolglos und halten die in Absatz 1 genannten Personen ein Tätigwerden des Jugendamtes für erforderlich, um eine Gefährdung des Wohls eines Kindes oder eines Jugendlichen abzuwenden, so sind sie befugt, das Jugendamt zu informieren; hierauf sind die Betroffenen vorab hinzuweisen, es sei denn, dass damit der wirksame Schutz des Kindes oder des Jugendlichen in Frage gestellt wird. Zu diesem Zweck sind die Personen nach Satz 1 befugt, dem Jugendamt die erforderlichen Daten mitzuteilen. Die Sätze 1 und 2 gelten für die in Absatz 1 Nummer 1 genannten Personen mit der Maßgabe, dass diese unverzüglich das Jugendamt informieren sollen, wenn nach deren Einschätzung eine dringende Gefahr für das Wohl des Kindes oder des Jugendlichen das Tätigwerden des Jugendamtes erfordert.
(4) Wird das Jugendamt von einer in Absatz 1 genannten Person informiert, soll es dieser Person zeitnah eine Rückmeldung geben, ob es die gewichtigen Anhaltspunkte für die Gefährdung des Wohls des Kindes oder Jugendlichen bestätigt sieht und ob es zum Schutz des Kindes oder Jugendlichen tätig geworden ist und noch tätig ist. Hierauf sind die Betroffenen vorab hinzuweisen, es sei denn, dass damit der wirksame Schutz des Kindes oder des Jugendlichen in Frage gestellt wird.
(5) Die Absätze 2 und 3 gelten entsprechend für Mitarbeiterinnen und Mitarbeiter von Zollbehörden.
(6) Zur praktischen Erprobung datenschutzrechtskonformer Umsetzungsformen und zur Evaluierung der Auswirkungen auf den Kinderschutz kann Landesrecht die Befugnis zu einem fallbezogenen interkollegialen Austausch von Ärztinnen und Ärzten regeln.

Die sog. Befugnisnorm des § 4 KKG orientiert sich einerseits bewusst an der strafbewerten Schweigepflicht von Berufsgeheimnisträgern des § 203 StGB, der für die unbefugte Offenbarung von Privatgeheimnissen durch Angehörige verschiedener im Gesetz benannter Berufsgruppen eine Strafandrohung versieht.

§ 203 StGB

Verletzung von Privatgeheimnissen

(1) Wer unbefugt ein fremdes Geheimnis, namentlich ein zum persönlichen Lebensbereich gehörendes Geheimnis oder ein Betriebs- oder Geschäftsgeheimnis, offenbart, das ihm als

1. Arzt, Zahnarzt, Tierarzt, Apotheker oder Angehörigen eines anderen Heilberufs, der für die Berufsausübung oder die Führung der Berufsbezeichnung eine staatlich geregelte Ausbildung erfordert,
2. Berufspsychologen mit staatlich anerkannter wissenschaftlicher Abschlussprüfung,

3. Rechtsanwalt, Kammerrechtsbeistand, Patentanwalt, Notar, Verteidiger in einem gesetzlich geordneten Verfahren, Wirtschaftsprüfer, vereidigtem Buchprüfer, Steuerberater, Steuerbevollmächtigten,

3a. Organ oder Mitglied eines Organs einer Wirtschaftsprüfungs-, Buchprüfungs- oder einer Berufsausübungsgesellschaft von Steuerberatern und Steuerbevollmächtigten, einer Berufsausübungsgesellschaft von Rechtsanwälten oder europäischen niedergelassenen Rechtsanwälten oder einer Berufsausübungsgesellschaft von Patentanwälten oder niedergelassenen europäischen Patentanwälten im Zusammenhang mit der Beratung und Vertretung der Wirtschaftsprüfungs-, Buchprüfungs- oder Berufsausübungsgesellschaft im Bereich der Wirtschaftsprüfung, Buchprüfung oder Hilfeleistung in Steuersachen oder ihrer rechtsanwaltlichen oder patentanwaltlichen Tätigkeit,

4. Ehe-, Familien-, Erziehungs- oder Jugendberater sowie Berater für Suchtfragen in einer Beratungsstelle, die von einer Behörde oder Körperschaft, Anstalt oder Stiftung des öffentlichen Rechts anerkannt ist,
5. Mitglied oder Beauftragten einer anerkannten Beratungsstelle nach den §§ 3 und 8 des Schwangerschaftskonfliktgesetzes,
6. staatlich anerkanntem Sozialarbeiter oder staatlich anerkanntem Sozialpädagogen oder
7. Angehörigen eines Unternehmens der privaten Kranken-, Unfall- oder Lebensversicherung oder einer privatärztlichen, steuerberaterlichen oder anwaltlichen Verrechnungsstelle

anvertraut worden oder sonst bekanntgeworden ist, wird mit Freiheitsstrafe bis zu einem Jahr oder mit Geldstrafe bestraft.

(...)

Andererseits verdeutlicht die Vorschrift die Voraussetzungen des sog. rechtfertigenden Notstandes gem. § 34 StGB, wonach die Weitergabe von Informationen dann nicht rechtswidrig ist, wenn bei einer gegenwärtigen, nicht anders abwendbaren Gefahr für Leib oder Leben das geschützte Interesse (z. B. der Schutz des Kindes), das berechtigte Interesse (z. B. die Geheimhaltung der Information) überwiegt.

§ 34 StGB

Rechtfertigender Notstand

Wer in einer gegenwärtigen, nicht anders abwendbaren Gefahr für Leben, Leib, Freiheit, Ehre, Eigentum oder ein anderes Rechtsgut eine Tat begeht, um die Gefahr von sich oder einem anderen abzuwenden, handelt nicht rechtswidrig, wenn bei Abwägung der widerstreitenden Interessen, namentlich der betroffenen Rechtsgüter und des Grades der ihnen drohenden Gefahren, das geschützte Interesse das beeinträchtigte wesentlich überwiegt. Dies gilt jedoch nur, soweit die Tat ein angemessenes Mittel ist, die Gefahr abzuwenden.

2.2

§ 4 KKG stellt also keine völlige Neuerung zum Schutz von Kindern dar, sondern enthält eine bundeseinheitliche Norm (zugunsten der genannten Berufsgeheimnisträger) für die Weitergabe von Informationen an das Jugendamt. Damit sollen (und werden sicherlich) die in der Praxis häufig bestehenden Anwendungsschwierigkeiten sowie Abwägungs- und Auslegungsfragen – namentlich von juristisch nicht geschulten Berufsgruppen – beseitigt werden, die letztlich aus Sorge vor eigenem strafbaren Verhalten dazu neigten, entsprechende Informationen an das Jugendamt eher zurückhaltend weiterzugeben. Durch die Neuerung wird deshalb zweifelsohne mehr Handlungssicherheit für die beteiligten Kreise geschaffen.

Zur Klarstellung: Die Regelung verpflichtet die genannten Berufsgeheimnisträger im Hinblick auf die vorrangige elterliche Erziehungsverantwortung (u. a. zur Abwehr von Gefahren für ihr Kind) „zur Beratung der (personensorgeberechtigten) Eltern und zur Motivation für die Inanspruchnahme geeigneter Hilfen (Absatz 1 und 2 – erste Stufe) und bestimmt im Interesse eines aktiven Kinderschutzes auch die Voraussetzungen, unter denen die Adressaten befugt sind, Informationen an das Jugendamt weiterzugeben (Absatz 3 – zweite Stufe)" (BT-Drucks. 17/6256 S. 19).

2.3

Bei den in § 4 Abs. 1 genannten Personen handelt es sich (zumeist) um solche, die aufgrund ihrer beruflichen Tätigkeit regelmäßig in näherem Kontakt zu Kindern und Jugendlichen stehen und die bereits ausbildungsbedingt zur Beratung und Motivation von Eltern befähigt erscheinen. Durch das KJSG (2021) wurden nunmehr auch Zahnärzte bzw. Zahnärztinnen in den Kreis der Berufsgeheimnisträger nach § 4 Abs. 1 Nr. 1 aufgenommen.

Wie aus der Gesetzesbegründung ersichtlich, sieht die Bestimmung ein zweistufiges Verfahren vor:

- (1. Stufe) Beratung und Motivation zur Inanspruchnahme von Hilfen zur Förderung der elterlichen Erziehungsverantwortung, sofern den genannten Berufsgeheimnisträgern „gewichtige Anhaltspunkte für die Gefährdung des Wohls eines Kindes oder Jugendlichen" in Ausübung ihrer Tätigkeit bekannt werden

und

- (2. Stufe) die – gesetzlich konkret erlaubte – Weitergabe der Informationen an das Jugendamt zur Abwendung einer Kindeswohlgefährdung unter näher bestimmten Voraussetzungen.

Vorausgesetzt für ein entsprechendes Tätigwerden der fraglichen Berufsgeheimnisträger ist das Bekanntwerden „gewichtiger Anhaltspunkte“ für die Gefährdung des Wohls eines Kindes oder Jugendlichen. Da diese Einschätzung aber oftmals problematisch ist, räumt das Gesetz den genannten Berufsgeheimnisträgern gem. § 4 Abs. 2 KKG einen Anspruch auf Beratung zur Einschätzung der Kindeswohlgefährdung durch eine insoweit erfahrene Fachkraft ein. Der Anspruch besteht gegenüber dem Träger der öffentlichen Jugendhilfe, was durch § 8b SGB VIII (neu eingefügt durch Art. 2 des Bundeskinderschutzgesetzes) sichergestellt wird.

§ 8b SGB VIII

Fachliche Beratung und Begleitung zum Schutz von Kindern und Jugendlichen

(1) Personen, die beruflich in Kontakt mit Kindern oder Jugendlichen stehen, haben bei der Einschätzung einer Kindeswohlgefährdung im Einzelfall gegenüber dem örtlichen Träger der Jugendhilfe Anspruch auf Beratung durch eine insoweit erfahrene Fachkraft.

(2) Träger von Einrichtungen, in denen sich Kinder oder Jugendliche ganztägig oder für einen Teil des Tages aufhalten oder in denen sie Unterkunft erhalten, und die zuständigen Leistungsträger, haben gegenüber dem überörtlichen Träger der Jugendhilfe Anspruch auf Beratung bei der Entwicklung und Anwendung fachlicher Handlungsleitlinien

1. zur Sicherung des Kindeswohls und zum Schutz vor Gewalt sowie
2. zu Verfahren der Beteiligung von Kindern und Jugendlichen an strukturellen Entscheidungen in der Einrichtung sowie zu Beschwerdeverfahren in persönlichen Angelegenheiten.

(3) Bei der fachlichen Beratung nach den Absätzen 1 und 2 wird den spezifischen Schutzbedürfnissen von Kindern und Jugendlichen mit Behinderungen Rechnung getragen.

Dabei dürfen die für die Beratung notwendigen Daten an die Fachkraft in pseudonymisierter Form übermittelt werden.

Beratung der Eltern und deren Motivation zur Annahme von Hilfen unterbleiben allerdings, wenn hierdurch der wirksame Schutz des Kindes oder des Jugendlichen in Frage gestellt wird. Im Übrigen sollen die Kinder und Jugendlichen in die Erörterung der Situation miteinbezogen werden.

Zur (uneingeschränkten) Weitergabe der Informationen ist der Berufsgeheimnisträger dann befugt, wenn

a) die Kindeswohlgefährdung durch Beratung und Motivation der Erziehungsberechtigten zur Annahme von Hilfe nicht abgewendet werden kann, weil Beratung und Motivation erfolglos sind,

und

b) der Berufsgeheimnisträger ein Tätigwerden des Jugendamts für erforderlich hält, um die Kindeswohlgefährdung abzuwenden.

Beispiel: Eine Ärztin stellt im Rahmen einer ärztlichen Untersuchung bei einem 12-jährigen Mädchen offensichtliche Missbrauchsspuren fest. Auf behutsames Nachfragen erklärt das Mädchen, sie könne oder dürfe hierüber nicht sprechen und schweigt. Als die Ärztin die Eltern hinzuruft und versucht, die Eltern auf ihre Feststellungen und die Reaktion des Mädchens anzusprechen, schweigt die Mutter. Der Vater weist die Ärztin mit den Worten zurecht, dass die Ärztin „wohl träume". Der Vater „untersagt" der Ärztin unter Berufung auf ihre ärztliche Schweigepflicht ferner ausdrücklich, über ihre angeblichen Untersuchungsergebnisse mit irgendjemandem (insbesondere etwa mit dem Jugendamt) zu sprechen.

Die Ärztin handelt in diesem Fall eindeutig gesetzeskonform, wenn sie die Ergebnisse ihrer ärztlichen Untersuchung und ihre Einschätzung zur Kindeswohlgefährdung sofort an das Jugendamt weitergibt.

Vor der Information des Jugendamtes sind die Betroffenen auf die Weitergabe hinzuweisen, falls damit nicht wiederum der „wirksame Schutz des Kindes oder des Jugendlichen" in Frage gestellt wird. Im Hinblick auf diese Einschätzung können dem Jugendamt ebenfalls pseudonymisierte Daten übermittelt werden.

2.4

Die Information des Jugendamts durch Berufsgeheimnisträger gem. § 4 Abs. 1 Nr. 1 KKG soll im Regelfall unverzüglich erfolgen, wenn nach Einschätzung des Berufsgeheimnisträgers eine dringende Gefahr für das Wohl des Kindes/Jugendlichen das Tätigwerden des Jugendamts erfordert, § 4 Abs. 3 S. 3 KKG. Die Gesetzesbegründung führt hierzu aus: „In Ausnahmefällen kann von einer Meldung an das Jugendamt abgesehen werden, insbesondere wenn der Berufsgeheimnisträger/die Berufsgeheimnisträgerin zur Sicherstellung eines wirksamen Schutzes des Kindes oder Jugendlichen ein anderes Vorgehen für notwendig und wirkungsvoller hält. Im Hinblick auf die Einschätzung des Grades der Gefahr für das Kindeswohl und das Vorgehen im Einzelfall insbesondere mit Blick auf die Pflicht zur Meldung an das Jugendamt kann sich der Berufsgeheimnisträger oder die Berufsgeheimnisträgerin durch eine insoweit erfahrene Fachkraft beraten lassen und sich auch an die medizinische Kinderschutzhotline wenden. Die aus anderen gesetzlichen Vorschriften (zum Beispiel aufgrund strafrechtlicher Garantenpflichten oder landesrechtlicher Regelungen) oder aus nach § 8a Absatz 4 SGB VIII geschlossenen Vereinbarungen resultierenden Handlungspflichten für alle in Absatz 1 genannten Berufsgruppen bleiben unberührt" (BT-Drucks. 19/28870 S. 102).

Durch das KJSG (2021) erfolgte ferner die Erweiterung des § 4 KKG um den Absatz 4. Auf Grund dieser Vorschrift wird das Jugendamt berechtigt und verpflichtet, den Berufsgeheimnisträgern, die sich im Rahmen Ihrer Information zum Kindesschutz an das Jugendamt gewandt haben, eine Rückmeldung darüber zu geben, „ob sich die von diesen mitgeteilten gewichtigen Anhaltspunkte aus

Sicht des Jugendamtes bestätigt haben, ob das Jugendamt zur Abwendung der Gefährdung des Wohls des Kindes oder Jugendlichen tätig geworden ist und ob die ergriffenen Maßnahmen noch andauern. Die übermittelten Daten müssen sich auf diese drei Punkte beschränken. Die Weitergabe darüber hinausgehender oder weiterer Informationen ist nicht zulässig. Die Übermittlung dieser Daten ist erforderlich, damit die betreffenden Berufsgeheimnisträgerinnen und Berufsgeheimnisträger einschätzen können, ob die aus ihrer Sicht bestehende Gefährdungssituation für das Kind oder den Jugendlichen noch fortbesteht oder beendet ist. Die Informationen über den Fortgang des Verfahrens sind notwendig, um ihre im Verhältnis zu dem Kind oder Jugendlichen und seiner Familien bestehenden Aufgaben und Pflichten erfüllen zu können" (BT-Drucks. 19/26107 S. 121).

Zudem wurde durch das KJSG (2021) bei § 4 KKG der Absatz 5 eingefügt, der Mitarbeiterinnen und Mitarbeitern von Zollbehörden, die dem Sozialgeheimnis nach § 35 SGB I unterliegen, die Befugnis gibt, im Rahmen ihrer Aufgabenerfüllung bekannt werdende gewichtige Anhaltspunkte für die Gefährdung des Wohls eines Kindes oder Jugendlichen zur Abwendung der Gefährdung erforderliche Daten an das Jugendamt zu übermitteln. „Die diesbezügliche Information des Jugendamtes ist insofern als eine gesetzliche Aufgabe anzusehen. Durch die Bezugnahme auf Absatz 3 besteht auch für die Personen nach Absatz 4 ein Beratungsanspruch gegenüber dem Jugendamt zur Einschätzung der Kindeswohlgefährdung" (ebd.).

2.5

Die Vorschrift regelt damit in wünschenswerter Klarheit, dass den Erziehungsberechtigten/Personensorgeberechtigten zunächst das Abwenden der Kindeswohlgefährdung durch (verpflichtende) Beratung und Motivation zur Annahme von Hilfen nahegelegt wird und für den Fall, dass die Eltern nicht handlungsbereit oder handlungswillig sind, der Kindesschutz mit Hilfe der Weitergabe der Informationen an das Jugendamt durch staatliche Hilfe sichergestellt wird.

Zugleich schützen die Regelungen aber auch die Vertrauensbeziehung zwischen Berufsgeheimnisträger und dem Kind oder Jugendlichen bzw. dessen Erziehungsberechtigten.

3. Verbesserung des Schutzes von Kindern und Jugendlichen vor sexualisierter Gewalt

Durch das KJSG (2021) erfolgte mit § 5 KKG eine Ergänzung des KKG, durch die eine erweiterte Mitteilungspflicht der Strafverfolgungsbehörden/Gerichte an Jugendämter geschaffen wurde.

§ 5 KKG
Mitteilungen an das Jugendamt

(1) Werden in einem Strafverfahren gewichtige Anhaltspunkte für die Gefährdung des Wohls eines Kindes oder eines Jugendlichen bekannt, informiert die Strafverfolgungsbehörde oder das Gericht unverzüglich den zuständigen örtlichen Träger der öffentlichen Jugendhilfe sowie im Falle seiner Zuständigkeit den überörtlichen Träger der öffentlichen Jugendhilfe und übermittelt die aus ihrer Sicht zur Einschätzung des Gefährdungsrisikos erforderlichen Daten. Die Mitteilung ordnen Richterinnen oder Richter, Staatsanwältinnen oder Staatsanwälte an. § 4 Absatz 2 gilt entsprechend.
(2) Gewichtige Anhaltspunkte für eine Gefährdung können insbesondere dann vorliegen, wenn gegen eine Person, die mit einem Kind oder Jugendlichen in häuslicher Gemeinschaft lebt oder die regelmäßig Umgang mit ihm hat oder haben wird, der Verdacht besteht, eine Straftat nach den §§ 171, 174, 176 bis 180, 182, 184b bis 184e, 225, 232 bis 233a, 234, 235 oder 236 des Strafgesetzbuchs begangen zu haben.

Die Regelung enthält klare Vorgaben über „die Verpflichtung für Strafverfolgungsbehörden und Gerichte, das Jugendamt zum Schutz von Minderjährigen zu informieren, wenn in einem Strafverfahren gewichtige Anhaltspunkte für die Gefährdung des Wohls eines Kindes oder eines Jugendlichen bekannt werden. Die Entscheidung über die Mitteilung trifft die übermittelnde Stelle danach, ob aus ihrer Sicht die Übermittlung der Daten und Tatsachen zur Abwehr einer erheblichen Gefährdung erforderlich ist“ (ebd. S. 122). Die Mitteilungspflicht ist beschränkt auf die zur Einschätzung des Gefährdungsrisikos erforderlichen Daten und Tatsachen (ebd.).

§ 5 Abs. 2 „beschreibt beispielhaft, wann gewichtige Anhaltspunkte für eine Gefährdungslage vorliegen können. Ob tatsächlich gewichtige Anhaltspunkte für eine Gefährdung bestehen, ist im Einzelfall von den Strafverfolgungsbehörden und Gerichten zu prüfen. Eine solche kann insbesondere vorliegen, wenn Kinder und Jugendliche mit der Person, gegen die hinsichtlich der bezeichneten Straftaten ermittelt wird, in häuslicher Gemeinschaft leben. Entsprechendes gilt, wenn diese Person ein Umgangsrecht mit einem Kind oder Jugendlichen hat. (…) Deshalb werden die Strafverfolgungsbehörden und Gerichte – sofern gewichtige Anhaltspunkte für eine Gefährdung des Wohls eines Kindes oder Jugendlichen vorliegen – verpflichtet, in einem Strafverfahren im Hinblick auf den Personenkreis des Absatzes 2 dem Jugendamt die zur Einschätzung des Gefährdungsrisikos erforderlichen Daten und Tatsachen mitzuteilen. Im Einzelnen handelt es sich um folgende Voraussetzungen:

- Vorliegen eines Tatverdachts bei dem Beschuldigten, eine Straftat nach den §§ 171, 174, 176 bis 180, 182, 184b bis 184e, 225, 232 bis 233a, 234, 235 oder 236 des Strafgesetzbuchs begangen zu haben, und

- häusliche Gemeinschaft oder ein Umgangsrecht des Beschuldigten mit einem Kind oder Jugendlichen.

Der Katalog umfasst neben Straftaten gegen die sexuelle Selbstbestimmung und gegen Leib und Leben (§ 225) auch weitere Straftaten zum allgemein-sittlichen Schutz.

Die häusliche Gemeinschaft knüpft an den tatsächlichen gewöhnlichen Aufenthalt sowohl der Betroffenen als auch des Kindes oder Jugendlichen an. Das Jugendamt verfügt über die nötige Expertise und kann entscheiden, ob Maßnahmen im Kinderschutz erforderlich sind und, bejahendenfalls, welche konkreten Schritte insoweit vorgenommen werden sollten. Daher besteht ihm gegenüber die Mitteilungspflicht" (ebd. S. 123).

V. Die rechtliche Stellung des Kindes

1. Einleitung und Überblick

Der verfassungsrechtlich gewährleistete Schutz von Kindern und Jugendlichen kommt im Gesetz aus unterschiedlichem Anlass und in verschiedenen Formen zum Ausdruck. So werden Kindern und Jugendlichen u. a. in vielfältiger Weise Anhörungsrechte, Antragsrechte, Beteiligungsrechte oder verfahrensrechtliche Garantien gewährt.

Materielle und verfahrensrechtliche Beteiligungsrechte von Kindern und Jugendlichen sind Ausdruck ihrer verfassungsrechtlichen Stellung als Träger eigener Grundrechte. Insbesondere im Jugendhilferecht, im Familienrecht und im entsprechenden Verfahrensrecht sind deshalb konkrete Mitwirkungsrechte formuliert, die es zu beachten und zu wahren gilt. Die Ausführungen in diesem Kapitel geben mit Blick auf den kaum überschaubaren Umfang der Beteiligungsrechte nur einen mehr oder weniger allgemein gehaltenen Überblick.

2. Kinder und ihre verfassungsrechtliche Stellung

2.1

Kinder sind nach der Verfassung und nach ständiger höchstrichterlicher Rechtsprechung Träger eigener Rechte einschließlich der Grundrechte. Die Subjektstellung des Kindes wird verstärkt durch die UN-Kinderrechtskonvention vom 20.11.1989. In den einzelnen Artikeln dieser Konvention sind die maßgeblichen Rechte des Kindes geregelt. Bei der Ausübung dieser Rechte werden die Kinder durch ihre Eltern vertreten. Kinderrechte und Elternrechte sind daher keine Gegensätze. Vielmehr wird das Elternrecht nur dann im Sinne der Verfassung wahrgenommen, wenn es die Rechte der Kinder berücksichtigt.

Das Elternrecht wird deshalb auch als „fremdnütziges" Grundrecht bezeichnet. Aus dem Begriff der Elternverantwortung folgt, dass die elterlichen Entscheidungen in dem Maße hinter eigene Entscheidungen des Kindes zurücktreten müssen, in dem das Kind selbstverantwortlich handeln kann. § 1626 Abs. 2 BGB regelt daher ausdrücklich, dass die Eltern bei der Pflege und Erziehung die wachsende Fähigkeit und das wachsende Bedürfnis des Kindes zu selbstständigem verantwortungsbewusstem Handeln berücksichtigen müssen.

2.2

Das BVerfG hat zur rechtlichen Beziehung zwischen Eltern und Kind – z. B. im Zusammenhang mit einer Entscheidung zur Umgangsverpflichtung eines umgangsunwilligen Vaters mit seinem Kind – grundlegend ausgeführt: „Das Kind hat eigene Würde und eigene Rechte. Als Grundrechtsträger hat es Anspruch auf den Schutz des Staates und die Gewährleistung seiner grundrechtlich verbürgten Rechte. Eine Verfassung, die die Würde des Menschen in den Mittelpunkt ihres Wertesystems stellt, kann bei der Ordnung zwischenmenschlicher Beziehungen grundsätzlich niemandem Rechte an der Person eines anderen einräumen, die nicht zugleich pflichtgebunden sind und die Menschenwürde des anderen respektieren. Dies gilt auch für die Beziehung zwischen einem Elternteil und seinem Kind. Das Elternrecht dem Kind gegenüber findet seine Rechtfertigung darin, dass das Kind des Schutzes und der Hilfe bedarf, damit es sich zu einer eigenverantwortlichen Persönlichkeit innerhalb der sozialen Gemeinschaft entwickeln kann, wie sie dem Menschenbild des Grundgesetzes entspricht (…). Dieses Recht ist deshalb untrennbar mit der Pflicht der Eltern verbunden, dem Kind diesen Schutz und diese Hilfe zu seinem Wohl angedeihen zu lassen. Dabei bezieht sich diese Pflicht nicht lediglich auf das Kind, sie besteht auch gegenüber dem Kind. Denn das Kind ist nicht Gegenstand elterlicher Rechtsausübung, es ist Rechtssubjekt und Grundrechtsträger, dem die Eltern schulden, ihr Handeln an seinem Wohl auszurichten. Mit dieser den Eltern durch Art. 6 Abs. 2 Satz 1 GG auferlegten Pflicht gegenüber dem Kind, es zu pflegen und zu erziehen, korrespondiert das Recht des Kindes auf Pflege und Erziehung durch seine Eltern aus Art. 6 Abs. 2 Satz 1 GG. Wird jemandem eine Pflicht auferlegt, die sich auf eine andere Person bezieht und die zugleich mit dem Recht verbunden ist, auf diese Person einzuwirken, für sie Entscheidungen zu treffen, ihre Interessen zu vertreten und auf ihre Persönlichkeitsentfaltung maßgeblich und zuvörderst Einfluss zu nehmen, so berührt dies den Kern höchstpersönlicher Lebensentfaltung des Anderen und schränkt dessen freie Willensentscheidung ein. Den Eltern eine solch tiefgreifende Einflussnahme auf das Leben ihres Kindes einzuräumen, rechtfertigt sich allein aus dem Umstand, dass das Kind noch nicht selbst für sich Verantwortung tragen kann und zu Schaden käme, wenn es hierbei keine Hilfe erführe. Bedarf aber das Kind solcher Unterstützung durch seine Eltern und ist deshalb die Elternverantwortung allein dem Wohle des Kindes verpflichtet wie geschuldet, dann hat das Kind auch einen Anspruch darauf, dass zuvörderst seine Eltern Sorge für es tragen, und ein Recht darauf, dass seine Eltern der mit ihrem Elternrecht untrennbar verbundenen Pflicht auch nachkommen. …“ (BVerfG, Urteil v. 01.04.2008 – 1 BvR 1620/04 –, juris RN 71–72).

3. Überlegungen zur Änderung des Grundgesetzes: Ausdrückliche Verankerung der Kinderrechte?

3.1

Es ist (im Rahmen dieser Ausführungen) hier nicht der Ort, um auf die in den letzten Jahren intensiv geführte Diskussion über die Verankerung von Kinderrechten im Grundgesetz im Einzelnen einzugehen und (zusätzlich) Stellung zu beziehen: Nach dem jetzigen Stand der politischen (und juristischen) Auseinandersetzung zu dieser Thematik ist es auch keineswegs absehbar, ob – und mit welchem Ergebnis – diese Debatte zu Ende geführt wird, weil die Hürde der verfassungsändernden Mehrheit einfach zu hoch erscheint.

3.2

Der (vorerst) letzte (noch von der Großen Koalition im Jahre 2021) vorgelegte Gesetzentwurf (BT-Drucks. 19/28138) scheiterte – trotz mühsamer Ausbalancierung unterschiedlicher Sichtweisen und Interessen der beiden Koalitionspartner.

Die Änderung des Grundgesetzes nach diesem Entwurf war (unter Anfügung der entsprechenden Sätze in Art. 6 Abs. 2 GG) wie folgt vorgeschlagen worden:

> „Die verfassungsmäßigen Rechte der Kinder einschließlich ihres Rechts auf Entwicklung zu eigenverantwortlichen Persönlichkeiten sind zu achten und zu schützen. Das Wohl des Kindes ist angemessen zu berücksichtigen. Der verfassungsrechtliche Anspruch von Kindern auf rechtliches Gehör ist zu wahren. Die Erstverantwortung der Eltern bleibt unberührt." (ebd. S. 7).

Nach Auffassung der Initiatoren des Gesetzentwurfs sollte der Entwurf klarstellen, dass „Kinder Grundrechtsträger sind" und dass durch die (beabsichtigten) „kinderspezifischen Ergänzungen (…) ihre Rechte im Verfassungsrecht besser sichtbar gemacht" würden (ebd. S 9). Die Regelungen würden „vier Elemente" (ebd.) enthalten:

- die Anerkennung der Grundrechtsberechtigung des Kindes (Absatz 2 Satz 3),
- das Kindeswohlprinzip (Absatz 2 Satz 4),
- ein Anhörungsrecht des Kindes (Absatz 2 Satz 5) sowie
- die Klarstellung, dass Elternrechte und -pflichten unberührt bleiben (Absatz 2 Satz 6).

Zur Begründung wird i. Ü. ausgeführt: „Die Regelung verdeutlicht demnach die Grundrechte des Kindes, weitet sie aber im Verhältnis zu anderen Grundrechtsträgern nicht aus. Dazu orientiert sie sich eng an der Rechtsprechung des

BVerfG. Zugleich knüpft die Regelung an die – schon nach geltendem Recht zu beachtenden – kindesspezifischen Garantien auf Landesebene, der VN-Kinderrechtskonvention sowie der EU-Grundrechtecharta an. Zugleich stellt die autonome Formulierung im Verfassungstext aber sicher, dass sich die Regelung in die Systematik des Grundgesetzes einpasst. (...) Ein Verzicht auf eine Grundgesetzänderung kommt nicht in Betracht. Kinderrechte werden im Text des Grundgesetzes nur dann besser sichtbar, wenn dieser geändert wird. Ebenso scheidet es aus, lediglich internationale Rechtsquellen in das Grundgesetz zu transformieren, anstatt die Kinderrechte dort autonom zu regeln. So sind zum Beispiel die Garantien der VN-Kinderrechtskonvention nur zum Teil grundlegender Art. Detailfragen der Mediennutzung, der Adoption, der Bildungs- oder Sozialpolitik sowie umfangreiche bereichsspezifische Schutzpflichten, wie sie Eingang in die VN-Kinderrechtskonvention gefunden haben, sind auf der Ebene des Grundgesetzes weder notwendig noch sinnvoll. Solche Regelungen sollen dem einfachen Gesetzgeber vorbehalten bleiben“ (ebd. S. 10).

3.3

Nach einem weiteren Gesetzentwurf (einer Abgeordnetengruppe und der Fraktion BÜNDNIS 90/DIE GRÜNEN) „ist es (...) an der Zeit, dass – über den Grundsatz der völkerrechtsfreundlichen Auslegung des deutschen Rechts hinaus – im Grundgesetz selbst eine starke Subjektstellung von Kindern verankert wird, um aufgrund der Bindung von Gesetzgebung, vollziehender Gewalt und Rechtsprechung an das Grundgesetz eine stärkere Kindeswohlorientierung und entsprechende Reformen zu befördern“ (BT-Drucks. 19/10552 S. 2).

Zur Begründung heißt es u. a.: „Kinder haben Rechte, sind Grundrechtsträger. Nach der historischen Konzeption des Artikels 6 GG werden Kinder in seinen Absätzen 2 und 3 allerdings ausschließlich behandelt im Zusammenhang mit dem Elternrecht und der Elternpflicht zur Pflege und Erziehung der Kinder und dem Wächteramt der staatlichen Gemeinschaft. Der in Art. 6 Abs. 1 GG konstituierte besondere Schutz der staatlichen Ordnung bezieht sich zwar auf Ehe und Familie, nennt aber Kinder nicht ausdrücklich. Eine ausdrückliche Gewährleistungsverantwortung und -pflicht des Staates betreffend den besonderen Schutz der Kinder fehlt. Auch das Kindeswohl wird im Grundgesetz nicht erwähnt, (...). Schließlich fehlt unbeschadet ihrer Grundrechtsträgerschaft und unbeschadet des Elternrechts im Grundgesetz eine Vorgabe, dass die zunehmende Selbstbestimmungs- und Beteiligungsfähigkeit der Kinder und Jugendlichen zu beachten ist. Und es fehlt ein ausdrückliches Recht des Kindes auf Förderung seiner Entwicklung. Damit bleibt das Grundgesetz hinter den Standards des UN-Übereinkommens über die Rechte des Kindes (UN-Kinderrechtskonvention) zurück, das 1989 von der Generalversammlung der Vereinten Nationen angenommen und 1992 von Deutschland ratifiziert worden ist ...“. (...) Auch bleibt das Grundgesetz hinter dem grundrechtlichen Standard des derzeit nur für die Durchführung von EU-Recht geltenden Art. 24 Abs. 2 der EU-Grundrechtecharta zurück, der den Art. 3 Abs. 1 der UN-Kinderrechtskonvention bereits umgesetzt hat. Danach muss bei allen Kinder betreffenden Maßnahmen öffentlicher Stellen und privater Einrichtungen das Wohl des Kindes eine vorrangige Erwägung sein. Zudem bestehen sowohl auf einfachgesetzlicher Ebene als auch im Bereich des Verwaltungshandelns und der Rechtsprechung Defizite bei der Umsetzung der oben genannten und in der UN-Kinderrechtskonvention festgeschriebenen Rechte der Kinder. (...)" (ebd. S. 1/2).

Beabsichtigt nach diesem Entwurf sind folgende Regelungen:

> „1. Absatz 1 wird wie folgt gefasst:
> ‚(1) Kinder, Ehe und Familie stehen unter dem besonderen Schutze der staatlichen Ordnung.'
> 2. In Absatz 2 werden nach dem Wort ‚Kinder' die Wörter ‚unter Achtung ihrer Persönlichkeit und ihrer wachsenden Selbständigkeit' eingefügt.
> 3. Nach Absatz 4 wird folgender Absatz 4a eingefügt:
> ‚(4a) Jedes Kind hat das Recht auf Förderung seiner Entwicklung. Bei allen Angelegenheiten, die das Kind betreffen, ist es entsprechend Alter und Reife zu beteiligen; Wille und zuvörderst Wohl des Kindes sind maßgeblich zu berücksichtigen' (ebd. S. 3)."

Wie ersichtlich, könnten die Auffassungen offensichtlich unterschiedlicher kaum sein.

4. Zur Religionsmündigkeit

Ab dem 12. Lebensjahr kann das Kind nicht mehr gegen seinen Willen in einem anderen (als dem bisherigen) Bekenntnis erzogen werden (§ 5 RelKErzG). Dies gilt auch, wenn die Eltern aus der Kirche austreten. Ebenso können die Eltern das Kind nicht eigenmächtig vom Religionsunterricht abmelden. Wollen die Eltern gegen den Willen des Kindes einen Bekenntniswechsel erzwingen, stellt dies sogar ggf. einen Missbrauch der elterlichen Sorge dar, auf den das Familiengericht reagieren muss. Ab Vollendung des 14. Lebensjahres erlangt das Kind in allen Fragen der religiösen Erziehung die volle Religionsmündigkeit. Mit anderen Worten: Während das Kind mit zwölf Jahren das Recht hat, dem Wechsel des Bekenntnisses zu widersprechen, erlangt es mit 14 Jahren das Recht zur eigenständigen Entscheidung über sein Bekenntnis.

§ 5 RelKErzG

Nach der Vollendung des vierzehnten Lebensjahrs steht dem Kinde die Entscheidung darüber zu, zu welchem religiösen Bekenntnis es sich halten will. Hat das Kind das zwölfte Lebensjahr vollendet, so kann es nicht gegen seinen Willen in einem anderen Bekenntnis als bisher erzogen werden.

5. Die sog. Sozialrechtsmündigkeit

Eine weitere Teilmündigkeit des Kindes besteht auf dem Gebiet des Sozialrechts. Ab dem 15. Lebensjahr kann das Kind Sozialleistungen selbst beantragen und entgegennehmen (§ 36 Abs. 1 SGB I), beispielsweise Sozialhilfe. Der Leistungsträger muss die Eltern dann aber über die Antragstellung unterrichten. Die Eltern können durch schriftliche Erklärung die Handlungsfähigkeit ihres Kindes beschränken. Dann verbleibt es allenfalls bei der Anregung an den Leistungsträger, Leistungen zu prüfen und Eltern oder Kinder jedenfalls zu beraten.

§ 36 SGB I

Handlungsfähigkeit

(1) Wer das fünfzehnte Lebensjahr vollendet hat, kann Anträge auf Sozialleistungen stellen und verfolgen sowie Sozialleistungen entgegennehmen. Der Leistungsträger soll den gesetzlichen Vertreter über die Antragstellung und die erbrachten Sozialleistungen unterrichten.

(2) Die Handlungsfähigkeit nach Absatz 1 Satz 1 kann vom gesetzlichen Vertreter durch schriftliche Erklärung gegenüber dem Leistungsträger eingeschränkt werden. Die Rücknahme von Anträgen, der Verzicht auf Sozialleistungen und die Entgegennahme von Darlehen bedürfen der Zustimmung des gesetzlichen Vertreters.

Auf dem Gebiet der Jugendhilfe (SGB VIII) geht das Antragsrecht des Kindes jedenfalls (nur) so weit, wie das Kind selbst anspruchsberechtigt für entsprechende Leistung ist (z. B. Kindergartenplatz, Anspruch auf Eingliederungshilfe für seelisch behinderte Kinder.) Insbesondere für Hilfen zu Erziehung gem. §§ 27 ff. SGB VIII sind nur die Eltern selbst antragsberechtigt: Solche Leistungen kann das Kind jedoch beim Jugendamt anregen.

6. Die Beteiligung des Kindes bei Entscheidungen des Jugendamts (Überblick)

6.1

Mit dem KJSG (2021) war u. a. insbesondere der Anspruch verbunden, junge Menschen, Eltern und Familien besser zu beteiligen.

„Partizipation von Kindern und Jugendlichen und ihren Eltern ist ein grundlegendes Gestaltungsprinzip der Kinder- und Jugendhilfe; ihre gelingende Umsetzung ist vor dem Hintergrund der Interaktionsintensität der Leistungen und Aufgaben der Kinder- und Jugendhilfe essentiell für die Erfüllung ihres Auftrags. Daher ist diesem Auftrag stets immanent, die Adressatinnen und Adressaten der Kinder und Jugendhilfe in der Wahrnehmung ihrer Subjektstellung zu unterstützen bzw. sie hierzu zu befähigen. Zur Stärkung der Rechte von jungen Menschen und ihren Eltern gilt es, ihre Befähigung zur Partizipation zu verbessern und Möglichkeiten ihrer Beteiligung zu erweitern" (BT-Drucks 19/26107 S. 3).

Hierzu heißt es in diesem Zusammenhang weiter:

„Mehr Beteiligung von jungen Menschen, Eltern und Familien:

- Kinder und Jugendliche erhalten einen uneingeschränkten Anspruch auf Beratung durch die Kinder- und Jugendhilfe.
- In den Ländern ist eine bedarfsgerechte Struktur von Ombudsstellen sicherzustellen.
- Zur besseren Wahrnehmung der Subjektstellung von Adressatinnen und Adressaten der Kinder- und Jugendhilfe werden Selbstvertretung und Selbsthilfe deutlich gestärkt und entsprechende Zusammenschlüsse in Entscheidungsprozesse einbezogen.
- Einrichtungsträger werden im Rahmen des Verfahrens zur Erteilung einer Betriebserlaubnis verpflichtet, Möglichkeiten der Beschwerde außerhalb der Einrichtung zu gewährleisten. Das Jugendamt wird verpflichtet, Möglichkeiten der Beschwerde in persönlichen Angelegenheiten für Pflegekinder zu gewährleisten.
- Es wird klargestellt, dass Eltern unabhängig von der elterlichen Sorge regelmäßig in dem Maße an der Hilfeplanung zu beteiligen sind, in welchem ihre Mitwirkung erforderlich ist, wenn dadurch der Hilfeprozess nicht in Frage gestellt wird. Hierbei sind insbesondere Willensäußerungen und Bedürfnisse des jungen Menschen und auch die Haltung des Personensorgeberechtigten angemessen zu würdigen.
- Das Jugendamt wird zur umfassenden, adressatenorientierten Aufklärung des Kindes oder Jugendlichen und seiner Personensorge- oder Erziehungsberechtigten bei einer Inobhutnahme verpflichtet.
- Adressatinnen und Adressaten müssen grundsätzlich in für sie verständlicher und nachvollziehbarer Form beraten, aufgeklärt und beteiligt werden. In Bezug auf Adressatinnen und Adressaten mit Behinderungen wird damit auch dem Artikel 21 der VN-Behindertenrechtskonvention Rechnung getragen" (ebd. S. 5, 6).

Unter der Überschrift „Betroffene werden Beteiligte“ führt die Gesetzesbegründung zum KJSG (2021) weiter aus: „Kinder- und Jugendhilfe soll Hilfe- und Unterstützungsangebote machen und auf Augenhöhe kommunizieren. Das gelingt nur, wenn Kinder, Jugendliche, junge Volljährige und Eltern mit ihren Erfahrungen und Meinungen einbezogen werden, wenn sie ihre Rechte kennen und Hilfe dabei erhalten, sie durchzusetzen. Das KJSG stärkt darum prinzipiell die Beratungs- und Beschwerderechte aller Beteiligten. Dazu zählen zum Beispiel der voraussetzungslose Beratungsanspruch für Kinder und Jugendliche selbst, aber auch die erweiterten Informationsrechte für Eltern und Kinder in schwierigen Krisensituationen wie etwa Inobhutnahmen“ BT-Drucks. 19/28870 S. 9).

An dieser Stelle und in diesem Sachzusammenhang kann im Rahmen dieser Ausführungen nur auf eine Auswahl (herausragend) bedeutender und grundsätzlicher Vorschriften eingegangen werden. Weitergehende Erläuterungen erfolgen im Wesentlichen im Zusammenhang und Kontext anderer behandelter Themen (z.B. Inobhutnahme oder Schutzauftrag). I. Ü. werden die konkreten Beteiligungsrechte von Kindern und Eltern im Zusammenhang anderer behandelter Themen – wie z.B. bei der Mitwirkung des Jugendamts im gerichtlichen Verfahren – in dem betreffenden Kapitel angesprochen.

6.2

§ 8 SGB VIII gewährt Kindern und Jugendlichen ein umfassendes Beteiligungsrecht – in unterschiedlicher Form und mit unterschiedlicher Zielrichtung, das allerdings mit Blick auf weitere spezialgesetzliche Regelungen im SGB VIII verdrängt werden kann (FK-SGB VIII/Meysen: in § 8 RN 2). Neben dem „Programmsatz“ über die Pflicht zur Beteiligung gem. § 8 Abs. 1 S. 1 SGB VIII, räumt die Bestimmung Hinweispflichten des Jugendamtes auf die Rechte der Kinder/Jugendlichen im Verwaltungsverfahren und Verfahren vor dem Familiengericht und Verwaltungsgericht ein, Abs. 1 S. 2, ferner ein Initiativrecht, sich an das JA zu wenden, Abs. 2, einen Beratungsanspruch durch das JA, Abs. 3, und einen Anspruch auf Beratung in für (Kinder und Jugendliche) verständlicher, kindgerechter Form. Die Vorschrift wurde durch das KJSG (2021) aktualisiert.

§ 8 SGB VIII

Beteiligung von Kindern und Jugendlichen

(1) Kinder und Jugendliche sind entsprechend ihrem Entwicklungsstand an allen sie betreffenden Entscheidungen der öffentlichen Jugendhilfe zu beteiligen. Sie sind in geeigneter Weise auf ihre Rechte im Verwaltungsverfahren sowie im Verfahren vor dem Familiengericht und dem Verwaltungsgericht hinzuweisen.

(2) Kinder und Jugendliche haben das Recht, sich in allen Angelegenheiten der Erziehung und Entwicklung an das Jugendamt zu wenden.

(3) Kinder und Jugendliche haben Anspruch auf Beratung ohne Kenntnis des Personensorgeberechtigten, solange durch die Mitteilung an den Personensorgeberechtigten der Beratungszweck vereitelt würde. § 36 des Ersten Buches bleibt unberührt. Die Beratung kann auch durch einen Träger der freien Jugendhilfe erbracht werden; § 36a Absatz 2 Satz 1 bis 3 gilt entsprechend.
(4) Beteiligung und Beratung von Kindern und Jugendlichen nach diesem Buch erfolgen in einer für sie verständlichen, nachvollziehbaren und wahrnehmbaren Form.

Gemäß § 8 Abs. 1 SGB VIII muss das Jugendamt das Kind an allen Entscheidungen beteiligen, die das Kind betreffen. Das Beteiligungsrecht des Kindes ergibt sich auch aus Art. 12 der UN-Kinderrechtskonvention. Die Beteiligung ist unabhängig vom Alter des Kindes. Lediglich die Art und Weise der Beteiligung hängt von seiner Einsichtsfähigkeit ab. Inhaltlich bedeutet dies, dass das Kind Gelegenheit zur Äußerung hat. Ob das Kind sich äußern will, bleibt ihm selbst überlassen.

Eine (ausdrücklich normierte) konkretisierte Pflicht zur Beteiligung/Beratung des Kindes regelt z.B. § 36 SGB Abs. 1 SGB VIII für den Fall, dass das Jugendamt eine Hilfe zur Erziehung oder eine Eingliederungshilfe für seelisch behinderte Kinder leistet.

§ 36 SGB VIII

Mitwirkung, Hilfeplan

(1) Der Personensorgeberechtigte und das Kind oder der Jugendliche sind vor der Entscheidung über die Inanspruchnahme einer Hilfe und vor einer notwendigen Änderung von Art und Umfang der Hilfe zu beraten und auf die möglichen Folgen für die Entwicklung des Kindes oder des Jugendlichen hinzuweisen. Es ist sicherzustellen, dass Beratung und Aufklärung nach Satz 1 in einer für den Personensorgeberechtigten und das Kind oder den Jugendlichen verständlichen, nachvollziehbaren und wahrnehmbaren Form erfolgen. (…)

Die Beteiligung des Kindes beim Hilfeplanverfahren bedeutet, dass es vor Inanspruchnahme der Hilfe beraten werden bzw. bei der Auswahl eines Heimes oder einer Pflegestelle beteiligt werden muss und bei der Aufstellung des Hilfeplans mitwirken kann.

§ 8 Abs. 2 SGB VIII garantiert dem Kind/Jugendlichen zudem das Recht, sich in allen Fragen der Erziehung und Entwicklung an das Jugendamt zu wenden (sog. Initiativrecht), was zugleich – im wohlverstandenen Sinn der Vorschrift – auch einen Beratungsanspruch bedeutet (FK-SGB VIII Meysen: in § 8 RN 8).

Gem. § 8 Abs. 3 SGB VIII haben Kinder und Jugendliche ein uneingeschränktes elternunabhängiges und voraussetzungsloses Beratungsrecht. Mit der Reform (2021) entfiel die Voraussetzung des Vorliegens einer Not- und Konfliktsituation. Die Beratung – ohne Kenntnis der Eltern – kann vom Jugendamt oder einem freien Träger erfolgen, solange durch eine Mitteilung an die Eltern der Beratungszweck vereitelt werden würde.

Beispiel:
Die Eltern von Sabrina (14 Jahre) sind Alkoholiker. Im Zusammenhang mit dem Alkoholismus der Eltern kommt es ihr gegenüber immer wieder zu unkontrollierten Wut- und Gewaltausbrüchen. Nach dem Rausch beschwichtigen die Eltern und entschuldigen sich bei ihr. Sabrina will das (noch nicht grundsätzlich) gestörte Verhältnis zu ihren Eltern nicht weiter belasten, leidet aber insbesondere während der Rauschattacken ihrer Eltern sehr darunter. Sie wendet sich zunächst ohne Wissen der Eltern an das Jugendamt, um gemeinsam Lösungen zu überlegen.

Durch eine solche Beratung (ohne Kenntnis der Eltern), soll und kann sichergestellt werden, dass dem Kind z.B. nicht verboten wird, das Gesprächsangebot überhaupt anzunehmen. Die Jugendämter haben deshalb zur Lösung von Konfliktsituationen Kinder- und Jugendnotdienste oder ein Sorgentelefon eingerichtet. Der Kinderschutzbund bietet i. Ü. eine Not- und Konfliktberatung in allen größeren Städten an. Bundesweit und kostenlos kann das Kinder- und Jugendtelefon angerufen werden unter der Nummer 0800/1110333. („Nummer gegen Kummer“ – kostenlos und anonym).

Die aktualisierte Regelung, § 8 Abs. 3 S. 2 u. 3 SGB VIII, verweist nunmehr explizit auf das Antragsrecht für Sozialleistungen sowie darauf, dass das Beratungsangebot unmittelbar und ohne vorherige Leistungsbewilligung des Jugendamtes angenommen werden kann, also als „niederschwellig“ einzustufen ist (FK-SGB VIII/Meysen: in § 8 RN 12).

§ 8 SGB VIII wurde durch das KJSG (2021) um den Absatz 4 erweitert. Zur Neuregelung heißt es in der Gesetzesbegründung: „Die Subjektstellung der Kinder und Jugendlichen ist ein zentrales Paradigma des SGB VIII und des ihm zugrunde liegenden Verständnisses der Kinder- und Jugendhilfe als personenbezogener sozialer Dienstleistung. Partizipation von Kindern und Jugendlichen ist dabei ein grundlegendes Gestaltungsprinzip der Kinder- und Jugendhilfe; seine gelingende Umsetzung ist essentiell für die Erfüllung ihres Auftrags der Förderung der Entwicklung junger Menschen, für die deren Akzeptanz und Mitwirkung konstitutiv sind. § 8 SGB VIII trägt dieser Bedeutung von Subjektstellung und Partizipation der Kinder und Jugendlichen Rechnung. (…) Damit sollen eine aktive Beteiligung von Kindern und Jugendlichen an Entscheidungsprozessen nach Absatz 1 sowie eine adressatenorientierte Beratung nach Absatz 3 sichergestellt werden. In Bezug auf Kinder und Jugendliche mit Behinderungen trägt die Regelung damit auch Artikel 21 der VN-Behindertenrechtskonvention Rechnung. Sie erfasst insbesondere auch die sogenannte ‚Leichte Sprache‘“ (BT-Drucks. 19/26107 S. 74). Die endgültige Fassung der Regelung beruht jedoch auf der Stellungnahme des Bundesrates, der die im Gesetz vorgenommene Konkretisierung mit der Berücksichtigung der „unterschiedlichen Belange aller jungen Menschen“ empfohlen hatte (BR-Drucks. 5/21 – Beschluss -) S. 3).

6.3

Um junge Menschen und ihre Familien bei der Verwirklichung ihrer Rechte – die sie möglicherweise weder kennen oder sich ihrer Rechte bewusst sind, noch u. U. ihre Rechte aus verschiedentlichen Gründen geltend machen können – zu unterstützen, wurden durch das KJSG (2021) sog. Ombudsstellen geschaffen, an die sich der genannte Personenkreis „zur Beratung in, Vermittlung und Klärung von Konflikten“ im Aufgabenbereich der Kinder- und Jugendhilfe wenden kann.

§ 9a SGB VIII
Ombudsstellen

In den Ländern wird sichergestellt, dass sich junge Menschen und ihre Familien zur Beratung in sowie Vermittlung und Klärung von Konflikten im Zusammenhang mit Aufgaben der Kinder- und Jugendhilfe nach § 2 und deren Wahrnehmung durch die öffentliche und freie Jugendhilfe an eine Ombudsstelle wenden können. Die hierzu dem Bedarf von jungen Menschen und ihren Familien entsprechend errichteten Ombudsstellen arbeiten unabhängig und sind fachlich nicht weisungsgebunden. § 17 Absatz 1 bis 2a des Ersten Buches gilt für die Beratung sowie die Vermittlung und Klärung von Konflikten durch die Ombudsstellen entsprechend. Das Nähere regelt das Landesrecht.

„Einen Meilenstein für die lösungsorientierte Bearbeitung von Konflikten bietet die bundesweite Pflicht, Ombudsstellen einzurichten. Ombudsstellen haben sich in vielen Bundesländern und Modellprojekten bewährt, um Konflikte zwischen den Leistungsempfängern und Jugendämtern oder Trägern zu bearbeiten und zu lösen. Sie sind ein effektiver Weg, um Machtasymmetrien auszugleichen und Ohnmachtsgefühlen entgegenzuwirken“ (BT-Drucks. 19/28870 S. 9).

Ombudsstellen haben damit die Funktion, von „niederschwellige Anlaufstellen in Konfliktfällen“ (FK-SGB VIII/Meysen: in § 9a RN 5). „Hierzu gehört die Beratung junger Menschen und ihrer Familien im Kontext der Vermittlung und Klärung von Konflikten zwischen Leistungsträgern und Leistungsempfängern, nicht jedoch die allgemeine Beratung“ (BT-Drucks. 19/28870 S. 90).

6.4

Neu eingeführt (KJSG) wurde ferner ein Beratungsanspruch, § 10a SGB VIII, der den dort genannten Personenkreis in seiner „Subjektstellung unterstützen und in die Lage versetzen (soll), eigenverantwortliche Entscheidungen zu treffen und aktiv am Leistungsgeschehen mitzuwirken“ (BT 19/26107 S. 77).

§ 10a SGB VIII
Beratung

(1) Zur Wahrnehmung ihrer Rechte nach diesem Buch werden junge Menschen, Mütter, Väter, Personensorge- und Erziehungsberechtigte, die leistungsberechtigt sind oder Leistungen nach § 2 Absatz 2 erhalten sollen, in einer für sie verständlichen, nachvollziehbaren und wahrnehmbaren Form, auf ihren Wunsch auch im Beisein einer Person ihres Vertrauens, beraten.

(2) Die Beratung umfasst insbesondere

1. die Familiensituation oder die persönliche Situation des jungen Menschen, Bedarfe, vorhandene Ressourcen sowie mögliche Hilfen,
2. die Leistungen der Kinder- und Jugendhilfe einschließlich des Zugangs zum Leistungssystem,
3. die Leistungen anderer Leistungsträger,
4. mögliche Auswirkungen und Folgen einer Hilfe,
5. die Verwaltungsabläufe,
6. Hinweise auf Leistungsanbieter und andere Hilfemöglichkeiten im Sozialraum und auf Möglichkeiten zur Leistungserbringung,
7. Hinweise auf andere Beratungsangebote im Sozialraum.

Soweit erforderlich, gehört zur Beratung auch Hilfe bei der Antragstellung, bei der Klärung weiterer zuständiger Leistungsträger, bei der Inanspruchnahme von Leistungen sowie bei der Erfüllung von Mitwirkungspflichten.

(3) Bei minderjährigen Leistungsberechtigten nach § 99 des Neunten Buches nimmt der Träger der öffentlichen Jugendhilfe mit Zustimmung des Personensorgeberechtigten am Gesamtplanverfahren nach § 117 Absatz 6 des Neunten Buches beratend teil.

Nach der weiteren Gesetzesbegründung ist es „primärer Zweck der Beratung nach dieser Vorschrift (...), die Adressatinnen und Adressaten der Kinder- und Jugendhilfe in die Lage zu versetzen, ihre Rechte nach dem SGB VIII wahrnehmen zu können. Sie erfolgt daher im Vorfeld von spezifischen Beratungs-, Unterstützungs- und Hilfeprozessen, um Zugänge zu diesen aufzuzeigen, Orientierung über Zuständigkeiten zu geben und auch über Ausgestaltung, Wirkungen und Abläufe zu informieren. Vor dem Eintritt in konkrete Hilfeprozesse und eine darauf bezogene Aufklärung und Beratung etwa nach § 36 Absatz 1 SGB VIII gehört die Beratung über das Leistungssystem der Kinder- und Jugendhilfe, aber auch zur Orientierung an den Schnittstellen zu anderen Leistungssystemen zu den Aufgaben des Trägers der öffentlichen Jugendhilfe. Gesetzliche Beratungspflichten anderer Sozialleistungsträger, etwa nach § 106 SGB IX für die Träger der Eingliederungshilfe, bleiben unberührt“ (ebd.). Die Regelung beinhaltet eine Beratungspflicht.

6.5
Auf die weiteren – u.a. durch das KJSG (2021) geschaffenen bzw. – vertieften (speziellen) Beteiligungs- und Beratungsregelungen (z.B. §§ 36ff., § 42 SGB VIII) wird in den entsprechenden Kapiteln (Kap. II u. III) eingegangen.

7. Die Altersstufen des Kindes und ihre rechtlichen Auswirkungen

Mit zunehmendem Alter des Kindes ergeben sich – je nach Rechtsgebiet – unterschiedliche rechtliche Konsequenzen:

- Geburt = Rechtsfähigkeit, vgl. § 1 BGB (hierunter versteht man die Fähigkeit, Träger von Rechten und Pflichten zu sein)
- Vollendung des 7. Lebensjahres = beschränkte Geschäftsfähigkeit, vgl. § 106 BGB (z.B. das Recht, mit seinem Taschengeld einen Kaufvertrag abzuschließen); beschränkte Deliktsfähigkeit, vgl. § 828 Abs. 2 BGB (keine Verantwortlichkeit für Schäden, wenn nicht die zur Erkenntnis der Verantwortlichkeit erforderliche Einsicht besteht);
- Vollendung des 14. Lebensjahres =
  a) Strafmündigkeit, vgl. § 1 Abs. 2 JGG,
  b) volle Religionsmündigkeit, vgl. § 5 RelKErzG,
  c) Verfahrensfähigkeit unter der Voraussetzung, dass der Minderjährige in einem Verfahren, das seine Person betrifft, ein ihm nach Bürgerlichem Recht zustehendes Recht geltend macht, vgl. § 9 Abs. 1 Nr. 3 FamFG
  d) Widerspruchsmöglichkeit des Kindes bei Übertragung der alleinigen Sorge auf einen Elternteil, vgl. § 1671 Abs. 2 Nr. 1 BGB,
  e) Beschwerderecht gegen gerichtliche Entscheidungen, § 60 FamFG
- Vollendung des 15. Lebensjahres = Handlungsfähigkeit für Sozialleistungen, vgl. § 36 SGB I (Möglichkeit, bestimmte Sozialleistungen zu beantragen)
- Vollendung des 18. Lebensjahres = Volljährigkeit, § 2 BGB (unbeschränkte Geschäftsfähigkeit).

Gem. § 159 FamFG besteht eine altersunabhängige und grundsätzliche Verpflichtung zur persönlichen Anhörung des Kindes durch das Familiengericht in familiengerichtlichen Verfahren (vgl. hierzu Kap. IV, 8).

Ferner besteht eine grundsätzliche Verfahrensfähigkeit des Minderjährigen (ohne Rücksicht auf seine Geschäftsfähigkeit) in Verfahren bei Unterbringung Minderjähriger und bei freiheitsentziehenden Maßnahmen bei Minderjährigen bzw. ärztlichen Zwangsmaßnahmen, § 167 Abs. 1 i. V. m. § 151 Nr. 6 u. 7, 167 Abs. 4 FamFG, wenn der Minderjährige das 14. Lebensjahr vollendet hat (vgl. hierzu auch Kap. 9).

8. Anhörungsrechte von Kindern und Jugendlichen im gerichtlichen Verfahren

§ 159 FamFG regelt die persönliche Anhörung des Kindes. Die Vorschrift wurde durch das Gesetz zur Bekämpfung sexualisierter Gewalt gegen Kinder (2021) weitgehend reformiert.

§ 159 FamFG

Persönliche Anhörung des Kindes

(1) Das Gericht hat das Kind persönlich anzuhören und sich einen persönlichen Eindruck von dem Kind zu verschaffen.

(2) Von der persönlichen Anhörung und der Verschaffung eines persönlichen Eindrucks nach Absatz 1 kann das Gericht nur absehen, wenn

1. ein schwerwiegender Grund dafür vorliegt,
2. das Kind offensichtlich nicht in der Lage ist, seine Neigungen und seinen Willen kundzutun,
3. die Neigungen, Bindungen und der Wille des Kindes für die Entscheidung nicht von Bedeutung sind und eine persönliche Anhörung auch nicht aus anderen Gründen angezeigt ist oder
4. das Verfahren ausschließlich das Vermögen des Kindes betrifft und eine persönliche Anhörung nach der Art der Angelegenheit nicht angezeigt ist.

Satz 1 Nummer 3 ist in Verfahren nach den §§ 1666 und 1666a des Bürgerlichen Gesetzbuchs, die die Person des Kindes betreffen, nicht anzuwenden. Das Gericht hat sich in diesen Verfahren einen persönlichen Eindruck von dem Kind auch dann zu verschaffen, wenn das Kind offensichtlich nicht in der Lage ist, seine Neigungen und seinen Willen kundzutun.

(3) Sieht das Gericht davon ab, das Kind persönlich anzuhören oder sich einen persönlichen Eindruck von dem Kind zu verschaffen, ist dies in der Endentscheidung zu begründen. Unterbleibt eine Anhörung oder die Verschaffung eines persönlichen Eindrucks allein wegen Gefahr im Verzug, ist sie unverzüglich nachzuholen.

(4) Das Kind soll über den Gegenstand, Ablauf und möglichen Ausgang des Verfahrens in einer geeigneten und seinem Alter entsprechenden Weise informiert werden, soweit nicht Nachteile für seine Entwicklung, Erziehung oder Gesundheit zu befürchten sind. Ihm ist Gelegenheit zur Äußerung zu geben. Hat das Gericht dem Kind nach § 158 einen Verfahrensbeistand bestellt, soll die persönliche Anhörung und die Verschaffung eines persönlichen Eindrucks in dessen Anwesenheit stattfinden. Im Übrigen steht die Gestaltung der persönlichen Anhörung im Ermessen des Gerichts.

In der Gesetzesbegründung heißt es hierzu: „Durch die vorgeschlagene Gesetzesänderung wird in Kindschaftssachen die Pflicht zur persönlichen Anhörung des Kindes noch stärker betont und erweitert. Zusätzlich wird nunmehr im Gesetz die wichtige weitere Funktion der persönlichen Anhörung benannt und geregelt, dass das Gericht sich einen persönlichen Eindruck von dem Kind zu verschaffen hat. Die Norm wird in Absatz 1 und 2 neu strukturiert. Um das Recht des Kindes auf rechtliches Gehör zu betonen und aufgrund der Wichtigkeit der persönlichen Anhörung für die Sachverhaltsermittlung, wird in Absatz 1 eine grundsätzliche, altersunabhängige Pflicht zur persönlichen Kindesanhörung und zur Verschaffung eines unmittelbaren Eindrucks vom Kind geregelt. Die Differenzierung zwischen Kindern im Alter über und unter 14 Jahren entfällt. Die Ausnahmeregelungen zu dem Grundsatz werden abschließend in Absatz 2 geregelt und sind in Kinderschutzverfahren, welche die Person des Kindes betreffen, besonders streng. Insbesondere hat das Gericht sich in diesen Verfahren einen persönlichen Eindruck vom Kind auch dann zu verschaffen, wenn das Kind nicht in der Lage ist, seine Neigungen und seinen Willen kundzutun. Hiervon ausgenommen sind nur die Fälle, in denen – wie bei Gefahr in Verzug – der vorherigen Verschaffung eines persönlichen Eindrucks ein schwerwiegender Grund entgegensteht. Absatz 3 wird um eine Begründungspflicht des Gerichtes ergänzt, wenn das Gericht davon absieht, ein Kind persönlich anzuhören und sich einen unmittelbaren Eindruck von dem Kind zu verschaffen“ (BT-Drucks. 19/23707 S. 56).

Die bisherige Unterscheidung nach der Altersgrenze von 14 Jahren für die Anhörung des Kindes wurde als „weder erforderlich noch sachgerecht“ aufgehoben, weil „die Verstandesreife des Kindes und seine Fähigkeiten, einen eigenen Willen zu entwickeln und ihn im Verfahren verbal oder gegebenenfalls auch non-verbal zu äußern, (…) individuell verschieden und nicht allein vom Alter des Kindes abhängig (sind)“(ebda). Zur weiteren Begründung wurde auf die gefestigte höchstrichterliche Rechtsprechung Bezug genommen, nach der Kinder bereits ab einem Alter von drei Jahren regelmäßig anzuhören sind, „da schon in diesem Alter zumindest aus der Beobachtung des Kindes Rückschlüsse auf beachtenswerte Wünsche, Tendenzen und Bindungen abzuleiten sind“ (ebd. m. w. N.).

Weiter heißt es: „Da solche Rückschlüsse gegebenenfalls auch bei jüngeren Kindern möglich sind, kann es je nach Verfahrensgegenstand und den Umständen des Einzelfalles geboten sein, auch bei jüngeren Kindern einen Termin zur persönlichen Anhörung oder zur Verschaffung eines persönlichen Eindrucks durchzuführen. Nicht nur die Angaben des Kindes in seiner persönlichen Anhörung, sondern auch der persönliche Eindruck von dem Kind, einschließlich der Beobachtung seines Verhaltens, sind ein wichtiger Teil der Sachverhaltsermittlung in Kindschaftssachen und können für die Frage, ob und welche gerichtliche Regelung dem Kindeswohl am besten entspricht, erheblich sein. Es ist daher sachgerecht (…), diese Erkenntnisquelle auch ausdrücklich im Gesetz zu benennen. Da in den ganz überwiegenden Verfahren die Verschaffung des persönlichen Eindrucks im Rahmen der gerichtlichen Kindesanhörung erfolgt, ist mit der Pflicht zur Wahrnehmung auch dieser Erkenntnisquelle in der Regel kein zusätzlicher Verfahrensaufwand verbunden. Etwas anders gilt nur dann, wenn das Kind mangels verbaler Ausdrucksmöglichkeiten offensichtlich nicht in der Lage ist, sich im Rahmen einer persönlichen Anhörung zu äußern und damit eine Anhörung im Sinne der Gewährung rechtlichen Gehörs nicht möglich ist. In diesen Fällen wird das Gericht zu prüfen haben, ob es sich den Umständen des Einzelfalls nach gleichwohl einen persönlichen Eindruck von dem Kind zu verschaffen hat. In Kinderschutzverfahren, die die Person des Kindes betreffen, hat das Gericht nach § 159 Absatz 2 Satz 3 FamFG sich stets einen persönlichen Eindruck vom Kind zu verschaffen, sofern nicht ein schwerwiegender Grund für ein Absehen hiervon vorliegt" (ebd. S. 57).

§ 159 Abs. 4 FamFG regelt die Ausgestaltung der persönlichen Anhörung des Kindes, die im pflichtgemessen Ermessen des Gerichts liegt. Die Vorschrift entspricht der bisherigen Regelung.

9. Beschwerderecht des Kindes gegen gerichtliche Entscheidungen

9.1

Ungeachtet der Wahrnehmung des Beschwerderechts für ein Kind durch dessen gesetzlichen Vertreter bzw. Sorgerechtsinhaber steht dem Minderjährigen selbst, wie auch dem unter Vormundschaft/Pflegschaft stehenden Mündel gem. § 60 FamFG ein Beschwerderecht zu.

§ 60 FamFG

Beschwerderecht Minderjähriger

Ein Kind, für das die elterliche Sorge besteht, oder ein unter Vormundschaft stehender Mündel kann in allen seine Person betreffenden Angelegenheiten ohne Mitwirkung seines gesetzlichen Vertreters das Beschwerderecht ausüben. Das Gleiche gilt in sonstigen Angelegenheiten, in denen das Kind oder der Mündel vor einer Entscheidung des Gerichts gehört werden soll. Dies gilt nicht für Personen, die geschäftsunfähig sind oder bei Erlass der Entscheidung das 14. Lebensjahr nicht vollendet haben.

Damit kann der beschränkt geschäftsfähige Minderjährige/Mündel, der das 14. Lebensjahr vollendet hat, das Beschwerderecht selbstständig ausüben, es sei denn, er ist geschäftsunfähig, vgl. § 104 Nr. 2 BGB.

§ 104 BGB
Geschäftsunfähigkeit

Geschäftsunfähig ist:

1. wer nicht das siebente Lebensjahr vollendet hat,
2. wer sich in einem die freie Willensbestimmung ausschließenden Zustand krankhafter Störung der Geistestätigkeit befindet, sofern nicht der Zustand seiner Natur nach ein vorübergehender ist.

Bei der Geschäftsunfähigkeit (sog. natürliche Geschäftsunfähigkeit) ist entscheidend, dass die krankhafte Störung nur dann angenommen wird, wenn es sich um einen Dauerzustand handelt. Eine krankhafte Störung vorübergehender Natur reicht insoweit für die Annahme der Geschäftsunfähigkeit i. S. v. § 104 Nr. 2 nicht aus. Welche Grundlage die krankhafte Störung der Geistestätigkeit hat, ist letztlich unbedeutend.

Für Fälle der vorübergehenden Störung der Geistestätigkeit gilt gem. § 105 Abs. 2 BGB, dass eine solche Willenserklärung, die im Zustand der Bewusstlosigkeit oder vorübergehender Störung der Geistestätigkeit abgegeben wird, nichtig ist.

9.2

In sachlicher Hinsicht kommt die Beschwerde für ein Kind dann in Betracht, wenn es mittelbar oder unmittelbar bei der gerichtlichen Entscheidung um Angelegenheiten geht, die seine Person betreffen. Gemeint sind hier nicht nur Angelegenheiten, die die „Sorge für die Person" betreffen, wie z. B. Übertragung des das Kind betreffenden Sorgerechts auf einen Elternteil allein, sondern alle Angelegenheiten, die mit der Person des Kindes zusammen hängen, so z. B. eine Entscheidung über eine gerichtliche Umgangsregelung oder eine Verbleibensanordnung oder eine gerichtliche sorgerechtliche Anordnung bzw. Entscheidung im Rahmen von § 1666 BGB, oder eine das Kind als Mündel betreffende Maßnahme/ Entscheidung eines Vormunds.

Darüber hinaus hat das Kind auch ein selbständiges Beschwerderecht in sonstigen Angelegenheiten, in denen es vor einer Entscheidung des Familiengerichts angehört werden soll, also z. B. auch in vermögensrechtlichen Angelegenheiten, vgl. § 60 S. 2 FamFG. Für das Beschwerderecht des Kindes ist es ohne Bedeutung, ob es angehört worden ist oder ob die Entscheidung mit den Äußerungen des Kindes während der Anhörung in Einklang steht. Deshalb können auch nachträgliche Meinungsänderungen des über 14 Jahre alten Kindes dieses zur Einlegung der Beschwerde berechtigen.

9.3

§ 60 FamFG regelt nur die Verfahrensfähigkeit für das Beschwerdeverfahren, also die verfahrensrechtliche Berechtigung für die Einlegung des Rechtsmittels. Darüber hinaus sind also auch die übrigen Zulässigkeitsvoraussetzungen für die Beschwerde zu prüfen,

- wie z. B. die grundsätzliche Beschwerdeberechtigung (Statthaftigkeit) gem. § 58 Abs. 1 FamFG,
- die persönliche Beschwerdeberechtigung wegen Rechtsbeeinträchtigung, gem. § 59 FamFG.

58 FamFG

Statthaftigkeit der Beschwerde

(1) Die Beschwerde findet gegen die im ersten Rechtszug ergangenen Endentscheidungen der Amtsgerichte und Landgerichte in Angelegenheiten nach diesem Gesetz statt, sofern durch Gesetz nichts anderes bestimmt ist.
(2) Der Beurteilung des Beschwerdegerichts unterliegen auch die nicht selbständig anfechtbaren Entscheidungen, die der Endentscheidung vorausgegangen sind.

§ 59 FamFG

Beschwerdeberechtigte

(1) Die Beschwerde steht demjenigen zu, der durch den Beschluss in seinen Rechten beeinträchtigt ist.
(2) Wenn ein Beschluss nur auf Antrag erlassen werden kann und der Antrag zurückgewiesen worden ist, steht die Beschwerde nur dem Antragsteller zu.
(3) Die Beschwerdeberechtigung von Behörden bestimmt sich nach den besonderen Vorschriften dieses oder eines anderen Gesetzes.

Mit dem Beschwerderecht ergibt sich zugleich auch das Recht, einen Bevollmächtigten zu bestellen, Verfahrenskostenhilfe zu beantragen oder die Beschwerde zurück zu nehmen.

Kosten des gerichtlichen Beschwerdeverfahrens können einem minderjährigen Beteiligten in einem seine Person betreffenden Verfahren jedoch grundsätzlich nicht auferlegt werden, vgl. § 81 Abs. 3 FamFG.

9.4

Bei der (zivilrechtlichen) freiheitsentziehenden Unterbringung Minderjähriger im Rahmen von § 1631b BGB wie auch der Anordnung der freiheitsentziehenden Unterbringung eines Minderjährigen nach den Landesgesetzen über die

Unterbringung psychisch Kranker ist die Verfahrensfähigkeit gem. § 167 Abs. 3 FamFG nur von der Vollendung des 14. Lebensjahres abhängig, der Minderjährige ist hier also ohne Rücksicht auf seine Geschäftsfähigkeit (immer) verfahrensfähig.

Gemäß § 164 FamFG ist jede Entscheidung, gegen die das Kind das Beschwerderecht ausüben kann, dem Kind selbst bekannt zu machen. Eine Bekanntmachung an den gesetzlichen Vertreter des Kindes genügt nicht. Insoweit ist das Kind auch auf sein Beschwerderecht ausreichend hinzuweisen. Eine Begründung der bekannt zu machenden Entscheidung soll nach § 164 S. 2 FamFG entfallen, wenn Nachteile für die Entwicklung des Kindes, seine Erziehung oder Gesundheit zu befürchten sind.

10. Beteiligtenstellung und Verfahrensfähigkeit des Kindes/ Jugendlichen nach dem FamFG

§ 7 FamFG regelt, wer im Verfahren nach dem FamFG als Beteiligter anzusehen ist. § 9 FamFG bestimmt, unter welchen Voraussetzungen die erforderliche Verfahrensfähigkeit gegeben ist.

10.1

Mit der Beteiligtenstellung legt das Gesetz fest, welche Mitwirkungsfunktionen der Beteiligte in dem betreffenden familiengerichtlichen Verfahren hat bzw. welche Mitwirkungsrechte oder -pflichten ihm zustehen.

§ 7 FamFG
Beteiligte

(1) In Antragsverfahren ist der Antragsteller Beteiligter.

(2) Als Beteiligte sind hinzuzuziehen:

1. diejenigen, deren Recht durch das Verfahren unmittelbar betroffen wird,
2. diejenigen, die auf Grund dieses oder eines anderen Gesetzes von Amts wegen oder auf Antrag zu beteiligen sind.

(3) Das Gericht kann von Amts wegen oder auf Antrag weitere Personen als Beteiligte hinzuziehen, soweit dies in diesem oder einem anderen Gesetz vorgesehen ist.

(4) Diejenigen, die auf ihren Antrag als Beteiligte zu dem Verfahren hinzuzuziehen sind oder hinzugezogen werden können, sind von der Einleitung des Verfahrens zu benachrichtigen, soweit sie dem Gericht bekannt sind. Sie sind über ihr Antragsrecht zu belehren.

(5) Das Gericht entscheidet durch Beschluss, wenn es einem Antrag auf Hinzuziehung gemäß Absatz 2 oder Absatz 3 nicht entspricht. Der Beschluss ist mit der sofortigen Beschwerde in entsprechender Anwendung der §§ 567 bis 572 der Zivilprozessordnung anfechtbar.

(6) Wer anzuhören ist oder eine Auskunft zu erteilen hat, ohne dass die Voraussetzungen des Absatzes 2 oder Absatzes 3 vorliegen, wird dadurch nicht Beteiligter.

Das Gesetz unterscheidet die „Beteiligung kraft Gesetzes", § 7 Abs. 1 FamFG, und die „Beteiligung kraft Hinzuziehung", § 7 Abs. 2 u. Abs. 3 FamFG. Fähig zur Beteiligung sind u. a. natürliche Personen und Behörden, vgl. § 8 FamFG.

§ 8 FamFG

Beteiligtenfähigkeit

Beteiligtenfähig sind

1. natürliche und juristische Personen,
2. Vereinigungen, Personengruppen und Einrichtungen, soweit ihnen ein Recht zustehen kann,
3. Behörden.

Gem. § 7 Abs. 1 FamFG ist im Antragsverfahren (im Gegegensatz zum Amtsverfahren) der Antragsteller Beteiligter und damit am Verfahren kraft Gesetzes „beteiligt". Als Beteiligte sind gem. § 7 Abs. 2 FamFG diejenigen zum Verfahren hinzuzuziehen, deren Recht durch das Verfahren unmittelbar betroffen wird (§ 7 Abs. 2 Nr. 1 FamFG), und diejenigen, die „auf Grund dieses oder eines anderen Gesetzes" von Amts wegen oder auf Antrag zu beteiligen sind (§ 7 Abs. 2 Nr. 2 FamFG).

Beispiel: In einem Sorgerechtsstreit über ihr Kind Ariane (7 Jahre) hat das Familiengericht für A. einen Verfahrensbeistand bestellt. Beteiligte kraft Gesetzes sind die Eltern als Antragsteller (§ 7 Abs. 1 FamFG) und das Kind A. als unmittelbar Betroffene (§ 7 Abs. 2 Nr. 1 FamFG) und der Verfahrensbeistand als auf Grund dieses Gesetzes von Amts wegen hinzuzuziehende Person (§ 7 Abs. 2 Nr. 2 i. V. m. § 158b Abs. 3 S. 1 FamFG).

In diesem Zusammenhang hat der BGH ausdrücklich klargestellt, dass das betroffene Kind am Kindschaftsverfahren grundsätzlich formell beteiligt ist. Weiter heißt es: „Das minderjährige Kind ist im Verfahren zur Übertragung der elterlichen Sorge vom Familiengericht hinzuzuziehen und somit formeller Verfahrensbeteiligter („Muss-Beteiligter"). Ist das Kind nicht selbst verfahrensfähig und bedarf es im Verfahren daher der gesetzlichen Vertretung, so ist diese grundsätzlich von den sorgeberechtigten Eltern ungeachtet ihrer eigenen Verfahrensbeteiligung wahrzunehmen. Auch im Fall eines erheblichen Interessengegensatzes zwischen Eltern und Kind darf den Eltern die Vertretungsbefugnis im Zusammenhang mit einem Kindschaftsverfahren dann nicht entzogen werden, wenn bereits durch die Bestellung eines Verfahrensbeistands für eine wirksame Interessenvertretung des Kindes Sorge getragen werden kann. Dass der

Verfahrensbeistand nicht gesetzlicher Vertreter des Kindes ist, steht dem nicht entgegen" (BGH, Beschluss v. 07.09.2011 - XII ZB 12/11 - BGHZ 191, S. 48–59, Orientierungssätze 1 und 2, RN 8, 18 – juris).

Durch die formelle Beteiligung am Verfahren erlangt der Beteiligte Rechte und Pflichten (Akteneisichtrecht, Recht zur Stellungnahme usw.) aber auch bestimmte Mitwirkungspflichten (persönliches Erscheinen zum Termin).

10.2

Von der Beteiligtenstellung des Kindes ist die Verfahrensfähigkeit des Kindes/Jugendlichen zu unterscheiden, also die Fähigkeit, im familiengerichtlichen Verfahren verfahrensrechtlich relevante Erklärungen abzugeben bzw. Verfahrenshandlungen vorzunehmen. Mit anderen Worten: Damit ein Kind/Jugendlicher als unmittelbar beteiligte Person seine Rechte wahrnehmen kann, muss es entweder verfahrensfähig sein oder von seinen sorgeberechtigten Eltern vertreten werden (siehe vorstehende Entscheidung).

§ 9 FamFG
Verfahrensfähigkeit

(1) Verfahrensfähig sind
1. die nach bürgerlichem Recht Geschäftsfähigen,
2. die nach bürgerlichem Recht beschränkt Geschäftsfähigen, soweit sie für den Gegenstand des Verfahrens nach bürgerlichem Recht als geschäftsfähig anerkannt sind,
3. die nach bürgerlichem Recht beschränkt Geschäftsfähigen, soweit sie das 14. Lebensjahr vollendet haben und sie in einem Verfahren, das ihre Person betrifft, ein ihnen nach bürgerlichem Recht zustehendes Recht geltend machen,
4. diejenigen, die auf Grund dieses oder eines anderen Gesetzes dazu bestimmt werden.

(2) Soweit ein Geschäftsunfähiger oder in der Geschäftsfähigkeit Beschränkter nicht verfahrensfähig ist, handeln für ihn die nach bürgerlichem Recht dazu befugten Personen.

(3) Für Vereinigungen sowie für Behörden handeln ihre gesetzlichen Vertreter und Vorstände.

(4) Das Verschulden eines gesetzlichen Vertreters steht dem Verschulden eines Beteiligten gleich.

(5) Die §§ 53 bis 58 der Zivilprozessordnung gelten entsprechend.

Im Prinzip entspricht die Verfahrensfähigkeit der Geschäftsfähigkeit eines Volljährigen, sodass beschränkt Geschäftsfähige i. d. R keine eigenständigen Verfahrenshandlungen vornehmen können, § 9 Abs. 1 Nr. 1 u. 2 FamFG. Allerdings erklärt § 9 Abs. 1 Nr. 3 FamFG über 14 Jahre alte beschränkt Geschäftsfähige für verfahrensfähig, soweit sie in einem ihre Person betreffenden Verfahren (Kindschaftsverfahren gem. § 151 FamFG) ein ihnen nach bürgerlichem Recht zustehendes Recht geltend machen: Hierzu zählen z. B. das Umgangsrecht des Kindes mit seinen Eltern, §§ 1626 Abs 3, 1684 Abs. 1 BGB, oder das Widerspruchsrecht des Kindes bei der Sorgerechtsregelung des § 1671 Abs. 2 Nr. 1 BGB. Folge der Verfahrensfähigkeit ist z. B. die Berechtigung, Verfahrenskostenhilfe unter Beiordnung eines Rechtsanwalts eigener Wahl zu beantragen.

Literatur

Borg-Laufs, M., Seidenstücker, B., Röchling, W.: Gutachtliche Stellungnahmen in der Sozialen Arbeit, 2. Auflage 2021, Weinheim Basel, Verlagsgruppe Beltz Juventa – (B-L/S/R S. …)

Dutta, A., Jacoby, F., Schwab, D. (Hrsg.): FamFG, Kommentar, 4. Auflage 2022, Bielefeld, Verlag Ernst und Werner Gieseking – (Dutta/Jacoby/Schwab/Bearbeiter/in, § … RN …)

Grüneberg: Bürgerliches Gesetzbuch, 82. Auflage 2023, München, Verlag C. H. Beck oHG – (Grüneberg/Bearbeiter § … RN …)

jurisPK-SGB VIII Schlegel/Voelzke (Hrsg.), Bandherausgeber Luthe/Nellissen, 3. Auflage 2023 – (Kirchhoff in: …)

Kunkel, P.-C./Kepert, J./Pattar, A. (Hrsg.): Sozialgesetzbuch VIII Kinder- und Jugendhilfe, Lehr- und Praxiskommentar, 8. Auflage 2022, Baden – Baden, Nomos Verlagsgesellschaft – (LPK-SGB VIII/Bearbeiter § … RN …)

Maunz/Dürig: Grundgesetz, 78. Auflage 2016, München, Verlag C. H. Beck – (Dürig in …)

Münder/Meysen/Trenczek (Hrsg.): Frankfurter Kommentar SGB VIII, Kinder- und Jugendhilfe, (FK – Bearbeiter), 9. Auflage 2022, Baden – Baden, Nomos Verlagsgesellschaft (FK-SGB VIII/Bearbeiter: in § … RN …)

Tillmanns, K., Münchener Kommentar zum Bürgerlichen Gesetzbuch, Band 10, Familienrecht II (§§ 1589–1921), VBVG – SGB VIII, 8. Auflage 2020, Sonderdruck, München, C. H. Beck – (Tillmanns MüKo § … RN …)

Trenczek, T.: Inobhutnahme, Krisenintervention und Schutzgewährung durch die Jugendhilfe, §§ 8a, 42 SGB VIII, 2. Auflage 2008, Stuttgart/München, Richard Boorberg Verlag – (Trenczek S. …)

Wiesner, R. (Hrsg.): SGB VIII, Kinder- und Jugendhilfe, Kommentar, 4. Auflage 2011, München, Verlag C. H. Beck –(Bearbeiter/in § … RN …)

BT-Drucksachen

11/5948 v. 01.12.1989, Gesetzentwurf der Bundesrtegierung, Entwurf eines Gesetzes zur Neuordnung des Kinder- und Jugendhilferechts (Kinder- und Jugendhilfegesetz KJHG)

15/3676 v. 06.09.2004, Gesetzentwurf der Bundesregierung, Entwurf eines Gesetzes zum qualitätsorientierten und bedarfsgerechten Ausbau der Tagesbetreuung und zur Weiterentwicklung der Kinder- und Jugendhilfe (Tagesbetreuungsausbaugesetz – TAG)

15/5616 v. 01.06.2005, Zweite Beschlussempfehlung und zweiter Bericht des Ausschusses für Familie, Senioren, Frauen und Jugend zu dem Gesetzentwurf der Bundesregierung (…) Entwurf eines Gesetzes zum qualitätsorientierten und bedarfsgerechten Ausbau der Tagesbetreuung und zur Weiterentwicklung der Kinder- und Jugendhilfe (…)

16/6308 v. 07.09.2007, Gesetzentwurf der Bundesregierung, Entwurf eines Gesetzes zur Reform des Verfahrens in Familiensachen und in den Angelegenheiten der freiwilligen Gerichtsbarkeit (FGG-Reformgesetz – FGG-RG)

16/12429 v. 25.03.2009, Gesetzentwurf der Bundesregierung, Entwurf eines Gesetzes zur Verbesserung des Kinderschutzes (Kinderschutzgesetz)

17/6256 v. 22.06.2011, Gesetzentwurf der Bundesregierung, Entwurf eines Gesetzes zur Stärkung eines aktiven Schutzes von Kindern und Jugendlichen (Bundeskinderschutzgesetz – BkiSchG)

18/5921 v. 07.09.2015, Gesetzentwurf der Bundesregierung, Entwurf eines Gesetzes zur Verbesserung der Unterbringung, Versorgung und Betreuung ausländischer Kinder und Jugendlicher

19/10552 v. 03.06.2019, Gesetzentwurf der Abgeordneten Katja Dörner u. a. (…) und der Fraktion Bündnis90/Die Grünen, Entwurf eines Gesetze zur Änderung des Grundgesetzes (…)
19/23707 v. 27.10.2020, Gesetzentwurf der Fraktionen der CDU/CSU und SPD, Entwurf eines Gesetzes zur Bekämpfung sexualisierter Gewalt gegen Kinder
19/26107 v. 25.01.2021, Gesetzentwurf der Bundesregierung, Entwurf eines Gesetzes zur Stärkung von Kindern und Jugendlichen (Kinder- und Jugendstärkungsgesetz – KJSG)
19/28138 v. 31.03.2021, Gesetzentwurf der Bundesregierung, Entwurf eines Gesetzes zur Änderung des Grundgesetzes zur ausdrücklichen Verankerung der Kinderrechte
19/28870 v. 21.04.2021, Beschlussempfehlung und Bericht des Ausschusses für Familie, Senioren, Frauen und Jugend (…) zum Entwurf eines Gesetzes zur Stärkung von Kindern und Jugendlichen (…)

BR-Drucksachen

586/04 v. 05.09.2004, Gesetzentwurf der Bundesregierung, Entwurf eines Gesetzes zum qualitätsorientierten und bedarfsgerechten Ausbau der Tagesbetreuung und zur Weiterentwicklung der Kinder- und Jugendhilfe (Tagesbetreuungsausbaugesetz – TAG)
349/15 v. 14.08.2015, Gesetzentwurf der Bundesregierung, Entwurf eines Gesetzes zur Verbesserung der Unterbringung, Versorgung und Betreuung ausländischer Kinder und Jugendlicher
5/21 (Beschluss) v. 12.02.2021, Stellungnahme des Bundesrates, Entwurf eines Gesetzes zur Stärkung von Kindern und Jugendlichen (Kinder- und Jugendstärkungsgesetz – KJSG)

Abkürzungsverzeichnis

Abs.	Absatz
a. E.	am Ende
a. F.	alte Fassung
Art.	Artikel
Aufl.	Auflage
AZ/Az.	Aktenzeichen
BayObLG	Bayerisches Oberstes Landesgericht (2006 abgeschafft/2018 wiedererrichtet)
BGB	Bürgerliches Gesetzbuch
BGH	Bundesgerichtshof
BGHZ	Entscheidungen des Bundesgerichtshofs in Zivilsachen
BKiSchG	Bundeskinderschutzgesetz
BMFSFJ	Bundesministerium für Familie, Senioren, Frauen und Jugend
BMJ	Bundesministerium der Justiz
BR-Drucks.	Bundesratsdrucksache
BT-Drucks.	Bundestagsdrucksache
BVerfG	Bundesverfassungsgericht
BVerfGE	Entscheidungen der amtlichen Sammlung des Bundesverfassungsgerichts
BvR	Aktenzeichen einer Verfassungsbeschwerde zum Bundesverfassungsgericht
EGMR	Europäischer Gerichtshof für Menschenrechte
FamFG	Gesetz über das Verfahren in Familiensachen und in den Angelegenheiten der freiwilligen Gerichtsbarkeit
FamG	Familiengericht
FamRB	Der Familien-Rechtsberater, Zeitschrift Informationsdienst für die Familienrechtliche Praxis
FamRZ	Zeitschrift für das gesamte Familienrecht
ff.	fortfolgende
gem.	gemäß
ggf.	gegebenenfalls
GG	Grundgesetz
Hrsg.	Herausgeber
Hs.	Halbsatz
i. S. d.	im Sinne der/des
i. S. v.	im Sinne von
i. Ü.	im Übrigen
i. V. m.	in Verbindung mit
Kap.	Kapitel
KJSG	Gesetz zur Stärkung von Kindern und Jugendlichen (Kinder- und Jugendstärkungsgesetz
KKG	Gesetz zur Kooperation und Information im Kinderschutz
m. w. N.	mit weiteren Nachweisen
n. F.	neue Fassung
NJW	Neue Juristische Wochenschrift
OLG	Oberlandesgericht
RN	Randnummer
S.	Satz
s. o.	siehe oben

SGB VIII	Sozialgesetzbuch Achtes Buch – Kinder- und Jugendhilfe
u. a.	unter anderem
UN-Behindertenrechtskonvention	UN-Konvention über die Rechte von Menschen mit Behinderungen (UN-BRK oder VN-BRK)
UN-Kinderrechtskonvention	Übereinkommen über die Rechte des Kindes
Urt.	Urteil
UStG	Umsatzsteuergesetz
VBVG	Vormünder- und Betreuervergütungsgesetz
vgl.	vergleiche
VN-Behindertenrechtskonvention	siehe UN-Behindertenrechtskonvention
z. B.	zum Beispiel
ZKJ	Zeitschrift für Kindschaftsrecht und Jugendhilfe
ZPO	Zivilprozessordnung

Stichwortverzeichnis